中南财经政法大学出版基金资助出版

中南财经政法大学
青 年 学 术 文 库

代际流动视角下的子女教育获得：基于政策视角的分析

亓寿伟 著

WUHAN UNIVERSITY PRESS
武汉大学出版社

图书在版编目(CIP)数据

代际流动视角下的子女教育获得：基于政策视角的分析/亓寿伟著.—武汉：武汉大学出版社,2021.6(2022.4 重印)
中南财经政法大学青年学术文库
ISBN 978-7-307-22035-5

Ⅰ.代…　Ⅱ.亓…　Ⅲ.教育投资—研究　Ⅳ.G476.2

中国版本图书馆 CIP 数据核字(2020)第 273090 号

责任编辑:林　莉　喻　叶　　责任校对:李孟潇　　版式设计:马　佳

出版发行：**武汉大学出版社**　(430072　武昌　珞珈山)
(电子邮箱：cbs22@ whu.edu.cn　网址：www.wdp. com.cn)
印刷：武汉邮科印务有限公司
开本:720×1000　1/16　印张:11.5　字数:165 千字　插页:2
版次:2021 年 6 月第 1 版　2022 年 4 月第 2 次印刷
ISBN 978-7-307-22035-5　定价:39. 00 元

前　言

本书从代际流动的视角验证和分析了中国子女教育获得的问题，侧重考察政策效应的评估和研究，重点研究了高等教育改革、独生子女政策、户籍制度、公共教育支出等政策对子女教育获得的短期影响以及对子女收入的长期影响，同时测算了基础教育支出的效率和影响因素。虽然本书的研究重点侧重在子女的教育获得分析，但在中国跨越中等收入陷阱、国民收入水平不断提高的背景下，该研究对中国社会阶层流动的研究具有重要的参考意义。

我们将教育作为主要的研究对象，至少有以下几个重要的理由：一是根据已有研究，人力资本是劳动力市场最核心的构成要素，教育水平越高，通常意味着能够在劳动力市场获得更高的收入；二是从社会阶层流动的研究发现来看，教育是实现社会阶层传递的最重要的路径，具有优势地位的家庭更倾向于将自身的资源投入到子女的教育中，提高子女未来在市场中的竞争力；三是国民教育水平的提高有助于提升国家的整体创新能力和水平，这是中国走向繁荣富强的基础，创新能力的提升是提高我国国际竞争力的重要保障。

从政府的角度来看，固化的社会显然不利于社会稳定和社会的长期稳定，在中国经济转型并实现跨越式增长的过程中，确保较高的社会流动性，有利于提高整个国家的创新活力。教育机会的均等化，或者教育获得更多来自个人的努力而不是来自父辈社会资源的继承，能够更加有效地激发居民的努力程度和创新动力。在过去中国几十年的发展过程中，政府一直致力于为国民提供更好的教育环境和竞争环境，降低国民的教育成本。比如，大量存在的希望小学、免费午餐计划，等等。对已有政策的合理评估能够为新政策的制定提供有价值的决策依据。高等教育改革、户籍制度、独生子女政策、公共教育支出等，国家一直随着经济社会的发展不断地调整政策，以确保社会长期可持续发展和国民福利水平不断提高。

本书围绕子女教育获得这一个问题，根据各个政策将内容分别组织到一起。第一章为高等教育改革对子女教育获得、子女收入水平的影响分析；第二章为独生子女政策对子女教育获得、子女收入水平的影响分析；第三章为户籍制度对子女教育获得的影响分析；第四章为公共教育支出对子女收入、职业的影响分析；第五章为基础教育支出的效率和影响因素分析。

在本书的撰写过程中，非常感谢我的学生刘玉柱、岳成朵、陈雅文、张吉东、蒋汉洋、褚凯丽等同学在数据统计分析中提供的帮助，同时也感谢我的家庭给予的支持和鼓励。

亓寿伟

2020 年 10 月

目　　录

第一章　高等教育扩张下的教育获得与代际流动 …………………… 1
　第一节　代际流动性 ………………………………………………… 1
　第二节　教育与代际流动性相关文献回顾 ………………………… 3
　第三节　高等教育改革的识别策略和计量 ………………………… 7
　第四节　高等教育改革政策效应的经验分析 ……………………… 9
　第五节　主要结论与启示 …………………………………………… 43

第二章　独生子女政策、教育获得与代际收入传递 ………………… 46
　第一节　独生子女政策与教育以及代际收入传递文献回顾 ……… 47
　第二节　独生子女政策影响子代教育的理论分析 ………………… 50
　第三节　独生子女政策的识别策略和计量模型 …………………… 53
　第四节　独生子女政策效应的经验分析 …………………………… 56

第三章　户籍制度与子女教育获得 …………………………………… 90
　第一节　户籍与子代教育获得的文献回顾 ………………………… 91
　第二节　户籍制度的识别策略和计量模型 ………………………… 95
　第三节　户籍制度效应的经验分析 ………………………………… 98
　第四节　父代户籍对子代教育获得的实证估计 …………………… 105

第四章　公共教育与收入代际传递 …………………………………… 127
　第一节　人力资本投资在代际收入传递机制中的作用 …………… 127

第二节　教育代际传递估计模型与变量选取 …………………… 134
第三节　收入代际传递随时间变化的趋势分析 ………………… 138
第四节　教育与代际收入传递 ……………………………………… 140
第五节　公共教育支出影响收入代际传递的结果 ……………… 141
第六节　结论与政策建议 …………………………………………… 152

第五章　基础教育支出的效率分析 ……………………………… 155
第一节　基础教育支出的重要性 ………………………………… 155
第二节　基础教育支出效率的测度与影响因素 ………………… 156
第三节　局部前沿效率测算方法 ………………………………… 158
第四节　基础教育支出的经验分析 ……………………………… 159
第五节　制度因素对基础教育支出效率的影响 ………………… 165

主要参考文献 ……………………………………………………… 169

第一章
高等教育扩张下的教育获得与代际流动

第一节　代际流动性

代际收入传递是指父代收入对子代收入的决定程度，是衡量机会均等的重要指标之一。近些年来，中国社会阶层固化现象日益显现，“富二代”“拼爹”等词语的流行反映了我国当前社会代际收入流动的不顺畅以及对此现象的普遍忧虑。从跨国比较而言，我国代际收入流动性要弱于发达国家如瑞典、德国等(Lillard，1995)，甚至也不及同为发展中国家的马来西亚、南非等(Couch & Dunn，1997)。教育一直被认为是居民收入传递的重要工具，是父代对子代进行人力资本投资的主要手段。改革开放初期政府公共教育支出规模的扩大，使得众多寒门子弟得以实现“鲤鱼跃龙门”的梦想。可以说，公共教育曾起到促进代际公平的重要作用。那么，在如今中国面临跨越“中等收入陷阱”的关口，教育是否仍然能够起到阻止“二代”现象蔓延的作用呢？国内不少学者对此进行探讨，但未有一致的结论。一方面，有研究指出公共教育能够降低进入教育系统门槛，通过缩小不同阶层子代的人力资本差异而促进代际流动。如周波等(2012)采用“中国健康与营养调查(CHNS)”数据发现，中国县级教育事业费支出的增加能降低代际收入弹性，有助于机会平等的实现；徐俊武(2014)也发现公共教育支出(省级生均教育经费)越高的地区，代际收入流动性也越高。另一方面，部分经济学家和社会学家认为教育是社会经济秩序再生产的工具，不能够促进社会流动，反而将复制传递原有的不平等秩序。一些实证研究也证实了该观点。刘志国(2014)运用“中国健康与养老追踪调查(2008)”数据发现公共教育对低收入阶层的子女具有促进代际流动的功能，但对于高收入阶层的家庭则有复制原有阶层优势的作用。郭丛斌等(2009)则发现教育在一定程度上复制原有的生产关系，但其促进代际流动的功能更强。可见，对公共教育是否促进代际流动仍未有定论。

但是不论如何，我国政府仍然将公共教育作为“逐步建立以权利公平、机会公平、规则公平为主要内容的社会公平保障体系”的首要机制，在教育改革方面尤其是高等教育扩张着力甚多。从 1999 年起开始实施高校扩招，在经历了五年高速度的扩招后，速度有所减缓。图 1-1 反映了 1997—2018 年间每年大学生招生人数和每年环比增长速度的走势，1999 年实施的高校扩招政策使大学招生人数出现陡增，此后 10 年经历高速度的扩招后招生数增速基本平稳，尽管某些年份招生数环比增速有所减缓，但每年增加的招生人数仍然保持在 50 万人以上。

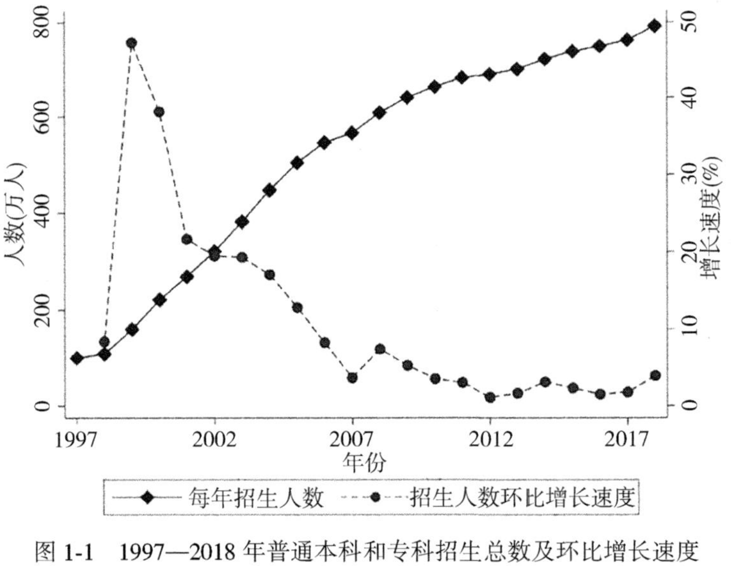

图 1-1　1997—2018 年普通本科和专科招生总数及环比增长速度

数据来源：根据国家统计局数据整理

在 2010 年出台的《国家中长期人才发展战略规划》指出，我国将进一步发展高等教育，表明了国家进一步扩张高等教育的决心。尽管如此，在跨国比较中我国社会代际流动性似乎仍处在低位(王美今，2012)，同时有部分研究表明我国自1999年以来实施的高等教育扩张政策对于代际流动性的改善作用并不显著(尹恒，2006；陈琳、袁志刚，2012；杨中超，2016)。在如今我国社会阶层固化现象愈加严重的背景下，高等教育扩张是否依然能够促进代际收入流动呢？如果有，那么是如何影响的呢？就目前文献而言，答案并不完善。因此，进一步探究我国高校扩招政策对代际流动性的影响具有重要的理论意义与现实意义，这也是本章的主要研究目的。

第二节　教育与代际流动性相关文献回顾

一、教育与代际流动性的关系

代际收入流动性衡量的是个人收入在多大程度上由其父代收入所决定，反映了社会机会平等的程度。目前对代际流动性大小的探讨一般都基于Solon(2004)关于代际收入关系的界定：$\log(Y_c)=\beta_0+\beta_1\log(Y_p)+\varepsilon$，这里下标$C$指子代，$P$指父代，$Y$指永久性收入。回归系数$\beta_1$称为收入的代际弹性系数(IGE)。代际收入弹性越大，说明代际流动性越低，社会趋于不公平。在对教育与代际流动性关系的研究上，侯玉娜、易全勇(2013)将父代和子代的收入传递过程分为两个阶段：第一阶段是子女的教育获得阶段，体现为父代经济差异对子代人力资本投资程度的影响；第二阶段是教育的劳动力市场回报阶段，即子代在劳动力市场中的教育收益率。在教育获得阶段，子女的教育获得会受到家庭出身的影响，政府能够通过高等教育扩招对家庭教育投资行为施加影响，而教育在劳动力市场的回报决定子女未来的收入高低，因此政府的高等教育政策会通过影响子代教育获得，进而影响代际流动性。例如，Haider和Solon(2006)认为，政府实施的促进教育公平的政策和教育系统的扩展会减低家庭出身对教育获得的影响。在教育回报阶段，教育所形成的人力资本会在劳动力市场获得报酬，主要体现为子代未来的收入。

在对于教育与代际流动性的关系上，前人已在理论层面与实证层面总结了许多经验。在理论层面，Becker & James(1979，1986)首先在家庭微观经济行为的分析之中运用了人力资本理论，指出家庭人力资本决策的目标是家庭效用函数的最大化。父辈将一部分收入用于自身消费，另一部分用于提高子代福利，为了实现效用函数最大化，父辈需要在自身消费和子代数量和质量权衡其所产生的效用。不同理论观点在教育对收入的作用存在分歧(Blau & Duncan，1967；Bowles & Gintis，1976)。在实证研究层面，Iyigun(1998)通过建立经济发展模型和教育供给模型，指出教育扩张会带来两种相反的影响。Machin(2004)研究发现英国高等教育在20世纪60年代到70年代间的扩张能够有效地解释英国代际流动系数在此时期内的下降。该研究也指出，教育扩招带来的入学机会增加并未在不同收入群体间公平分配，而是更多地被上层阶层的子代所占据，因此教育扩张增强了家庭收入与子代教育获得的关系。Checchi D(2013)进一步发现，意大利尽管经历了半个世纪的教育改革，但从社会阶层的角度来说，弱势家庭的子女仍然会延续父代的弱势地位，而上层阶层则继续保持着相对稳定的优势。由于对所需微观数据质量要求很高，目前的经验研究主要集中于北欧和美国。基于我国1999年所实施的高校扩招政策，国内学者对我国高校扩招对代际流动性的影响也进行了许多研究。研究发现，1998—2002年间中国代际流动性整体呈现下降趋势，主要体现在城镇居民代际收入弹性显著下降，同时伴随农村代际收入弹性略微上升(尹恒等，2006；陈琳、袁志刚，2012)。同时，王美今、李仲达(2012)通过构建IV估计量，且采用CHNS的调查数据测量出中国居民收入的代际流动系数估计值为0.830，相比而言，中国仍是一个收入代际流动性较低的社会。杨中超(2016)利用中国综合社会调查的数据，实证分析了中国高等教育扩招对代际流动的影响。研究发现，没有充足证据证明教育扩招促进了代际流动。

二、教育对代际收入流动的影响机制

Solon(2004)研究了代际收入弹性对政府公共支出变化的反应，发现人力资本投资回报率、人力资本生产效率、能力禀赋遗传程度越高，代际收入弹性系数越高；政府对人力资本投资的积极性越高，代际收入弹性越低。在不存在信贷约束的假定下，Becker(1986)指出能力禀赋较强的孩子将获得较高水平的人力资本投资，此时父代收入不直接影响子代收入；Mulligan(1997)认为，信贷约束并不会造成较低的社会流动率，低社会流动率只是由于劳动力市场的影响和能力禀赋的代际传递。

其次，在教育回报方面，收入的代际传递过程是通过个体的家庭资本投入从而获得教育积累最后进入劳动力市场实现的。

相关理论包括劳动力供给特征理论、需求特征理论以及供求特征理论。劳动力供给特征理论如Blau&Duncan(1967)的地位获得理论认为，教育对于地位和收入具有重要作用，而Bowles&Gintis(1976)的社会化理论则认为教育对于收入不起作用，非认知特征决定了收入水平。劳动力需求特征理论如Dunlop提出的内部劳动力市场理论和Arrow(1973)的市场歧视理论，指出劳动力市场本身的特征如工作、职业、行业制度等决定了收入水平。劳动力供求特征理论如Boudon(9174)的结构化失衡理论指出教育与社会结构的结构化失衡，社会流动呈现不规律的变化。

三、教育与代际流动性关系的研究方法

目前主要有三类研究教育与代际流动性关系的方法：第一类研究使用断代分析法或倍差分析法评价教育制度或政策效果；第二类研究使用中间变量法或代际系数分解法探究不同的中介变量对代际收入流动性的影响；第三类研究基于经济学基本理论建立数据模型，并使用经验数据对模型进行拟合，进而对教育与代际收入关系进行探讨(侯玉娜、易全勇，2013)。Holmlund(2006)采用了倍差分析法，通过对瑞典在1950—1970年间义务教育制度改革的研究发现，该项制度使瑞典的代际收入弹性下降了12%。

Pekkarinen 等(2009)也利用此方法研究发现，芬兰 1972—1977 年间的统一学校改革使代际收入弹性从 0.3 下降到 0.23，减少了 7 个百分点。国内学者也采用各种方法探究了我国代际流动性的趋势和影响因素。例如，郭丛斌(2004a，2004b，2005)研究发现，接受过高等教育的劳动者更容易摆脱父母行业的限制，进入与父母不同的行业。接受过高等教育的子女流动性较强，且子女受教育程度与代际流动性呈正相关，反之亦然。陈琳、袁志刚(2012)建立了代际收入传递过程中的三个中介变量，即子代的人力资本、财富资本和社会资本，研究了代际收入弹性如何受到不同资本的影响。结果发现三类资本均为影响代际流动性的重要因素。李任玉等(2014)采用工具变量分位数回归分析了父辈收入地位对子女收入差距的影响，研究结果认为教育水平、工作经验、工作单位性质等特征差异造成了高、低收入家庭子女之间的收入差距。邸玉娜(2014)采用随机系数回归模型，探讨了中国代际收入流动性及其作用机制。研究发现，父代的收入水平和工作性质会对子代的个体特征差异产生影响，从而间接作用于子代的收入水平。并且子代的教育收益率也会明显地受到父代的职业的影响。些许不足的是，该文仅从子代教育回报阶段对代际流动机制进行了探讨，并未涉及子代教育获得阶段。

基于以上分析可以看出，一方面，高校扩招政策在不同国家对其代际流动性的影响不尽相同。虽然国内学者对于我国代际流动性较低的看法基本一致，但对于 1999 年来我国的高校扩招政策对代际流动性的影响的研究还有待进一步深入；另一方面，有关高校扩招政策对代际流动性影响的作用机制探讨较少。因此，本章将致力于解决两个问题：我国 1999 年所实施的高校扩招政策对代际流动性是否有影响。如果有，那么是通过何种途径影响的。

本章剩下部分主要思路如下：首先，借鉴已有研究估计代际收入弹性的代际收入传递模型，在此基础上对代际收入系数采用双重差分法，建立能够比较准确识别扩招政策对代际收入系数影响的模型。其次，利用中国健康与营养调查(China Health and Nutrition Survey，简称 CHNS)的相关数据，分析扩招政策对代际流动性的整体影响，并进一步探究政策对代际流动性的作用机制。最后，根据相关的理论模型和实证分析结果，提出改善代际流动性，促进社会公平的相关政策建议。

第三节　高等教育改革的识别策略和计量

根据 Becker(1979)的代际传递理论，估计代际收入流动的标准方法是子代对数持久收入 C_inc 对父代对数持久收入 F_inc 的回归，基本模型如下：

$$C_{inc} = \beta \cdot F_{inc} + \varepsilon \tag{1.1}$$

其中，β 表示代际收入弹性，衡量了父代收入对子代收入的影响程度，其值愈大，意味着代际流动性愈弱，反之则意味着代际流动性强。考虑到实际应用中持久收入数据难以获得，常常使用单年数据替代。为了避免采用单年收入数据会产生向下偏误的缺陷，借鉴 Grawe(2006)在研究代际收入流动中的方法，我们在式(1.1)中加入父代和子代年龄的一次项和二次项，将式(1.1)扩展如下：

$$C_{inc} = \beta_0 + \beta_1 F_{inc} + \beta_2 F_{age} + \beta_3 F_{age}^2 + \beta_4 C_{age} + \beta_5 C_{age}^2 + \varepsilon \tag{1.2}$$

其中 F_{age}、F_{age}^2 分别为父代年龄的一次项和二次项，C_{age}、$C_2\ age$ 分别为子代年龄的一次项和二次项。

我们将高等教育扩张政策视作一项“自然实验”，对于政策实施前后完成高中教育的人群而言，其接受高等教育的机会是不尽相同的。另外，考虑到随着时间的推移，影响高等教育接受机会的其他因素也会发生变化，为了消除时间效应的影响，我们采用双重差分法(DID)进行研究。首先是实验组与对照组的选取问题。为了研究高等教育扩招政策对于代际流动的效应，需要将受到政策影响的组别设定为“实验组”，未受影响的组别为“对照组”。如何在样本中进行选择以有效区分某一组别是否受影响呢？本人参考姚先国等(2014)在研究扩招政策对教育收益率问题中处理方法，并根据本章数据做适当调整。考虑到我国普通人读小学的年龄多在 6~8 岁，假设其能够顺利地完成学业，则应在 18~20 岁进入大学。因此在 1999 年年龄不大于 20 岁，即 2015 年年龄 36 岁及以下者会受到扩招政策的影响，同时考虑到我国法定工作年龄为 18 岁，为保证能够获取子代收入数据，本章将 2015 年 16~36 岁者设置为“实验组”，该群体在扩招后持续受到政策的影响。对于“对照组”而言，应该注意由于部分地区(尤其是农村地区)存在入学晚等现象，扩招实施年份时大于 19 岁的群体中可能有部分人仍然受到政策影响，因此，为了更好地识别政策的干预效应，不适合直接将 1999 年 20 岁以上者设定为对照组。同时考虑到我国对于经鉴定确认完全丧失劳动能力者规定的法定退休年龄为 50 岁，因此本章将在 1999 年时年龄大于 24 岁，即 2015 年时年龄为 40~50 岁者设置为“对照组”，该群体在政策实施间基本不会受到扩招影响。

基于以上分析，选取 CHNS1989—2015 年相关数据，将 2015 年 18~36 岁作为实验组，将 40~50 岁作为对照组。为运用双重差分法探究政策对实验组的影响，建立如下模型：

$$\beta = \alpha_0 + \alpha_1 D + \alpha_2 T + \alpha_3 D \cdot T + u \tag{1.3}$$

其中，D、T 均为虚拟变量，其中：$D=0$ 表示观测对象为对照组，$D=1$ 表示观测对象为实验组；$T=0$ 表示扩招政策实施前，$T=1$ 表示扩招政策实施后。表 1-1 列出了主要参数之间的关系，其中 α_3 表示政策干预效应，是我们重点关注的估计系数。

表 1-1　**模型(3)各系数间的关系**

	扩招政策实施前($T=0$)	扩招政策实施后($T=1$)	差异
对照组($D=0$)	α_0	$\alpha_0+\alpha_2$	α_2
实验组($D=1$)	$\alpha_0+\alpha_1$	$\alpha_0+\alpha_1+\alpha_2+\alpha_3$	$\alpha_2+\alpha_3$
差异	α_1	$\alpha_1+\alpha_3$	α_3

为了利用双重差分法探究政策对代际收入弹性的影响，我们将式(1.3)代入式(1.2)中，展开得到如下模型：

$$C_{inc}=\beta_0+\alpha_0F_{inc}+\alpha_1D\cdot F_{inc}+\alpha_2T\cdot F_{inc}+\alpha_3D\cdot T\cdot F_{inc}$$
$$+\beta_2F_{age}+\beta_3F_{age}^2+\beta_4C_{age}+\beta_5C_{age}^2+\varepsilon \tag{1.4}$$

第四节　高等教育改革政策效应的经验分析

一、数据来源及变量定义

本章数据来源于中国健康与营养调查(China Health and Nutrition Survey，简称 CHNS)，是由美国北卡罗来纳大学人口中心与中国预防科学医学院联合进行的大规模的社会健康调查。调查的目的在于研究由国家和地方政府实施的健康、营养和计划生育政策的效果以及中国社会经济的变化对国民的健康和营养状况的影响，调查的内容涉及诸多方面，包括健康学、营养学、社会学、人口学、经济学、公共政策等多个学科。该调查通过多阶段分层随机抽样的方法，自 1989 年开始对 4400 户家庭、26000 个个体进行了跟踪调查。在空间范围上，数据涵盖了地理环境、经济发展、公共资源和健康指标差异巨大的东、中、西部地区共 12 个省①(北京、上海、重庆、辽宁、黑龙江、江苏、山东、河南、湖北、湖南、广西和贵州)，由此得到的样本具有良好的国家代表性；在时间范围上，该项目分别在 1989 年、1991 年、1993 年、1997 年、2000 年、2004 年、2006 年、2009 年、2011 年、2015 年进行了共十轮调查。该调查分为家庭和社区两大部分，获得的数据包含丰富的社区、家庭及个体信息，其中包括详尽的居民人口学数据和经济社会活动数据，如个体的性别、年龄、出生日期、居住地(城镇或农村)、从事的职业等，为本章研究提供了充足的数据。同时，该数据包含详尽的个体与其他家庭成员的关系，有助于我们获得准确的父代和子女的配对数据。

---

① 初始调查省份包括江苏、山东、河南、湖北、湖南、广西和贵州；1997 年调查缺失辽宁数据；从 1997 年起增加了黑龙江；2011 年调查增加了北京和上海。

(一)指标体系构建

文中变量包括父亲和子代收入、子代受教育年限和子代职业类型等，样本期为1989年至2015年。首先，在收入变量中，为了保持与现有文献的一致性，我们取父亲汇总收入为父代收入的代表(陈琳、袁志刚，2012；李任玉等，2014)，CHNS调查的汇总收入包括了工资收入、退休金、集体和家庭农业收入、家畜和家禽养殖收入、渔业收入、家庭菜园和果园收入、家庭小手工业和小型家庭商业收入；对子代收入同样采用汇总收入进行衡量。不同年份的收入数据根据2015年价格指数进行了调整。其次，在受教育年限中，CHNS数据给出的是不同教育阶段下的受教育年限，如11表示受教育水平为小学一年，32表示受教育水平为大学两年。为了使CHNS数据与本章变量含义统一，对受教育年限数据进行重新编译，将对应的受教育年限代码换算为受教育年限。同时，根据类似方法将不同地区代码进行了重新编译，我们将不同地区按经济四大特区的分类方法，分为东部、中部、东北和西部。并分别编号为1~4。另外，在子代职业类型变量中，借鉴李春玲(2005)中职业声望排序和周兴等(2014)的做法，将职业由低到高分为七个类型，依次为：农民(农、林、牧、渔、水利业生产人员)、工人(生产工人、运输工人和有关人员)、服务人员(服务性工作人员)、商业工作人员(个体工商户及批发零售业人员等)、办事人员(办事人员和有关人员)、专业技术人员、高级管理者(国家机关、党群组织、企业、事业单位负责人)等七种职业类型，并依次按0~6进行编号。最后，本章父亲和子代年龄使用与CHNS数据相同口径，户籍也按照源数据进行编码(1表示城镇户口，2表示农村户口)。

(二)解释变量及控制变量

在本章的研究中，子代收入与父亲收入使用的是经2015年消费价格指数调整后的值，子代年龄、父亲年龄和户籍为CHNS原始数据信息，子代受教育年限、子代职业类型和地区根据原始数据中代码重新编译而得。表

1-2 列出了变量的统计描述。在接下来实证结果分析部分，我们将对数据集进行适当处理后代入模型进行估计。具体如下：

在探究扩招政策对整体代际收入弹性影响时，首先我们将对子代收入和父亲收入取对数，同时引入子代年龄和父亲年龄的平方项，以及 D 与父亲收入对数的交互项 D * F_inc，T 与父亲收入对数的交互项 T * F_inc 和 D、T 与父亲收入对数的交互项 D * T * F_inc（前文已阐明虚拟变量 D、T 的含义）。由此我们得到如下所需变量：子代和父亲收入对数、子代和父亲年龄及其平方、虚拟变量与父亲收入对数的交互项（D * F_inc、T * F_inc、D * T * F_inc）以及子代受教育年限和子代职业类型。我们将以子代收入对数为因变量，选取部分其他变量为自变量对代际收入弹性系数进行估计。

接着我们将从子代受教育水平和子代职业类型两个途径探究政策对代际流动性的影响机制。在探究政策通过子代受教育水平对代际流动性的影响时，我们将从子代教育获得阶段和教育回报阶段两个方面进行探讨。在子代教育获得阶段，我们将以子代受教育年限为因变量，父亲收入对数、交互项（D * F_inc、T * F_inc、D * T * F_inc）为自变量进行回归估计，以此考察政策对子代受教育水平的影响。在子代教育回报阶段，我们首先引入虚拟变量与子代受教育年限的交互项（D * C_edu、T * C_edu、D * T * C_edu），接着将子代收入对数对子代受教育年限以及各交互项进行回归，以此考察政策对子代教育回报率的影响。在了解子代教育回报率的政策效应后，我们将使用一般的明瑟方程进一步探究父代收入对子代教育回报率的具体作用途径。在使用一般的明瑟方程对教育回报率进行估计前，需要对个体的工作时间进行估算，考虑到我国法定最低工作年龄为 16 岁以及入学年龄为 6 岁左右，因此受教育年限如果大于 10 年的话，那么工作时间一般是年龄减去受教育年限以及学前六年；小于等于 10 年的话就是年龄减去 16。接着将子代收入对数对子代受教育年限、工作时间及其平方项、父亲收入对数和子代收教育年限交互项进行回归。在探究政策通过子代职业类型对代际流动性的影响时，首先以子代职业类型为因变量进行回归，以此考察政策对子代职业类型的影响。更进一步为了分析父亲经济优势对子代收入的具体作用途径，引入父亲收入对数分别与子代受教育年限和子代职业类型的交互项，并以子代收入对数为因变量进行回归。

表 1-2　　　　变量统计描述

变量名称	观测量	平均值	标准差	最小值	最大值
子代收入	4234	20305	43275	1.460	1149000
父亲收入	4234	15606	27839	9.540	516129
子代年龄	4234	28.68	7.501	14	50
父亲年龄	4234	57.66	9.005	35	88
子代受教育年限	4234	9.698	4.302	0	21
子代职业类型	4234	2.935	2.431	0	6
地区	4234	1.420	1.229	1	4
户籍	4234	1.750	0.433	1	2
虚拟变量 D	4234	0.377	0.485	0	1
虚拟变量 T	4234	0.703	0.457	0	1

二、扩招政策的计量估计结果

（一）扩招政策对整体代际收入弹性的影响

1. 扩招政策对不同收入群体的影响

首先我们对全样本利用不同变量进行回归，表 1-3 报告了回归结果。从第（1）列的回归结果中可以看出，父亲收入①项显著且系数大于零，说明父亲收入对子代收入有显著的促进作用，在没控制子代人力资本的情况

① 本章实证分析部分父亲收入与子代收入均指父亲收入的对数和子代收入的对数。

下，代际收入弹性约为0.510。子代年龄与其平方项系数显著，且一次项系数大于零，二次项系数小于零，说明子代收入与年龄着“倒U形”关系。在第(1)列的基础上，第(2)列控制了子代受教育年限和子代职业类型的影响。首先，父亲收入与子代年龄及其平方项系数略有变化。父亲收入项系数仍然显著为正，但系数值从0.510下降至0.294，说明以受教育程度为代表的子代人力资本和职业类型对父亲收入具有替代效应。同时也发现收入和年龄之间的“倒U形”关系仍然存在，但程度有所减弱。其次，新加入的教育年限项和职业类型项的系数显著为正，说明随着子代受教育程度增加或者职业地位提升时，其收入也将提高。另外，应当指出的是，在此模型中我们假定子代受教育水平和职业类型不受父亲收入的影响，但这与实际情况并不完全相符，因为父代收入往往会作用于子代受教育水平等因素，我们将在后文对此进行考察。

表1-3 **整体代际收入弹性回归结果**

变量	(1) 子代收入对数	(2) 子代收入对数	(3) 子代收入对数
父亲收入对数	0.510***	0.294***	0.277***
	(0.0172)	(0.0172)	(0.0194)
子代年龄	0.195***	0.134***	0.0762***
	(0.0201)	(0.0183)	(0.0192)
子代年龄平方	-0.00202***	-0.00115***	0.000113
	(0.000319)	(0.000293)	(0.000302)
父亲年龄	0.0170	0.0328	0.0282
	(0.0245)	(0.0222)	(0.0227)
父亲年龄平方	-0.000178	-0.000322*	-0.000218
	(0.000205)	(0.000185)	(0.000189)
D*父亲收入对数			0.00652
			(0.0263)

续表

变量	(1) 子代收入对数	(2) 子代收入对数	(3) 子代收入对数
T * 父亲收入对数			0.0204***
			(0.00724)
D * T * 父亲收入对数			0.113***
			(0.0267)
子代受教育年限		0.0573***	
		(0.00400)	
子代职业类型		0.199***	
		(0.00878)	
常数项	0.291	1.628***	2.826***
	(0.633)	(0.575)	(0.612)
样本量	4234	4234	4234
R-squared	0.408	0.534	0.508

注：***$p<0.01$，**$p<0.05$，* $p<0.1$

在第(3)列，我们考察了政策效应对代际收入流动的影响。回归结果显示，D * F_inc 项的系数不显著，说明在政策实施前实验组和对照组代际收入弹性差异不明显，而 T * F_inc 项显著为正，说明对照组在政策实施前后代际收入弹性有所上升。我们最为关注的交叉项(D * T * F_inc)系数在1%的水平上显著为正，说明扩招政策显著提高了实验组的代际收入弹性，弱化了代际流动。进一步考虑到我国存在着“低收入传承陷阱”，那么政策效应究竟是使得贫者愈贫，抑或使富者愈富呢？为了探究政策效应对不同收入群体的影响，我们将父亲收入按四分位数分为低收入、中低收入、中高收入和高收入四组分别进行回归。表 1-4 报告了回归的结果，图 1-2 呈现了各组交叉项系数及显著程度。四个组别的交叉项(D * T * F_inc)系数均在 1%的水平上显著，但大小上存在区别。具体而言，扩招政策降低了高收入组别的代际收入弹性，提高了其他组别的代际收入弹性，并且对低收入组的作用最为明显，其次是中高收入组，再次是中低收入组。在此我们提前给出解释，并在后文对此进行进一步分析。高收入组别代际收入弹性下降可能是因为高等教育扩张创造了新的教育机会在不同收入阶层分配不均所致。高收入家庭一般更注重子代教育投资，培养子代能力水平(Iyirian，1998)；另一方面有研究表明，教育成本负担能力对子代教育获得有影响(康建军，2008)。因此无论从子代能力还是教育成本负担能力上来看，高收入家庭更有可能获取新的教育机会，进而人力资本积累并在未来表现为子代高收入。相对的，对低收入家庭而言，其子代在个人能力与经济对位上均处于劣势，这也就降低了低收入阶层较弱代际流动性。

表 1-4　　　　　　**按父亲收入四分位数分组回归结果**

变量	(1)低收入 子代收入对数	(2)中低收入 子代收入对数	(3)中高收入 子代收入对数	(4)高收入 子代收入对数
父亲收入对数	0.130**	0.465***	0.333***	0.250***
	(0.0510)	(0.120)	(0.120)	(0.0571)
子代年龄	0.0743**	0.00657	0.156***	0.0526
	(0.0366)	(0.0398)	(0.0408)	(0.0425)
子代年龄平方	0.000455	0.00109	-0.00100*	6.15e-05
	(0.000612)	(0.000666)	(0.000600)	(0.000638)
父亲年龄	-0.0223	0.112**	-0.0312	0.0624
	(0.0495)	(0.0435)	(0.0501)	(0.0387)
父亲年龄平方	0.000269	-0.000919**	0.000242	-0.000556*
	(0.000424)	(0.000371)	(0.000401)	(0.000314)
D*父亲收入对数	-0.0272	0.0306	-0.0211	0.220***
	(0.0303)	(0.0208)	(0.0574)	(0.0214)
T*父亲收入对数	-0.00188	0.0108	0.000834	0.0715***
	(0.0170)	(0.0138)	(0.0134)	(0.0207)

续表

变量	(1)低收入 子代收入对数	(2)中低收入 子代收入对数	(3)中高收入 子代收入对数	(4)高收入 子代收入对数
D * T * 父亲收入对数	0.219***	0.0697***	0.146**	−0.151***
	(0.0349)	(0.0243)	(0.0579)	(0.0227)
常数项	4.851***	−0.0226	2.983*	2.938**
	(1.390)	(1.416)	(1.558)	(1.162)
样本量	1059	1058	1070	1047
R-squared	0.327	0.282	0.359	0.193

注：***$p<0.01$，**$p<0.05$，* $p<0.1$

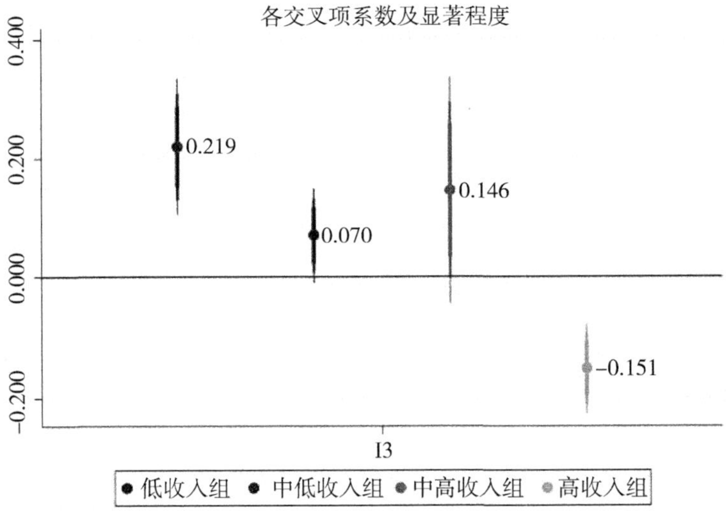

图 1-2　表 1-4 回归结果中交叉项系数及显著程度

2. 扩招政策对城乡居民的影响

通过上文的分析，我们发现政策对不同收入群体的效应存在不一致性。为了结合社会实际情况了解政策在不同收入群体间的效应，我们将数据进行城乡分组回归，以此进一步考察城乡之间的政策效应差异。表 1-5

报告了回归结果。我们关注的是交叉项系数，农村组交叉项系数在1%水平上显著为正，而城镇组交叉项系数并不显著，说明政策主要是通过使农村代际收入弹性上升，进而使整体代际流动性减弱的。可以看出，政策效应在城乡收入差距上的表现与上文结论具有一致性。为了更为直观的捕捉政策效应对城乡代际流动性的影响，我们将城镇实验组与农村实验组按调查年份分别进行回归，对每个调查年份的代际收入弹性值进行估计，同时将结果呈现在图1-3中。从图中可以看出，在1999年高等教育扩招政策实施初期，城-镇代际收入弹性大幅下降，而农村代际收入弹性也有明显上升。这进一步说明，扩招政策提高了低收入群体的代际收入弹性，降低了高收入群体的代际收入弹性。同时，考虑到低收入群体数量远远高于高收入群体数量(城镇组样本数量为1057，而农村组的样本数量为3177)，从而低收入群体的政策效应使得整体代际收入弹性下降，代际流动性减弱。

表1-5　　**按城乡分组回归结果**

变量	(1)城镇组 子代收入对数	(2)农村组 子代收入对数
父亲收入对数	0.249***	0.264***
	(0.0433)	(0.0218)
子代年龄	0.0949**	0.0590***
	(0.0414)	(0.0217)
子代年龄平方	-0.000492	0.000487
	(0.000621)	(0.000346)
父亲年龄	0.0241	0.0304
	(0.0407)	(0.0279)
父亲年龄平方	-0.000171	-0.000244
	(0.000323)	(0.000237)
D * 父亲收入对数	0.0782**	0.00142
	(0.0382)	(0.0283)

续表

变量	(1)城镇组 子代收入对数	(2)农村组 子代收入对数
T * 父亲收入对数	0.0360***	0.0158*
	(0.0132)	(0.00855)
D * T * 父亲收入对数	0.0223	0.124***
	(0.0388)	(0.0288)
常数项	3.313***	3.018***
	(1.029)	(0.753)
样本量	1057	3177
R-squared	0.479	0.500

注：***$p<0.01$，**$p<0.05$，* $p<0.1$

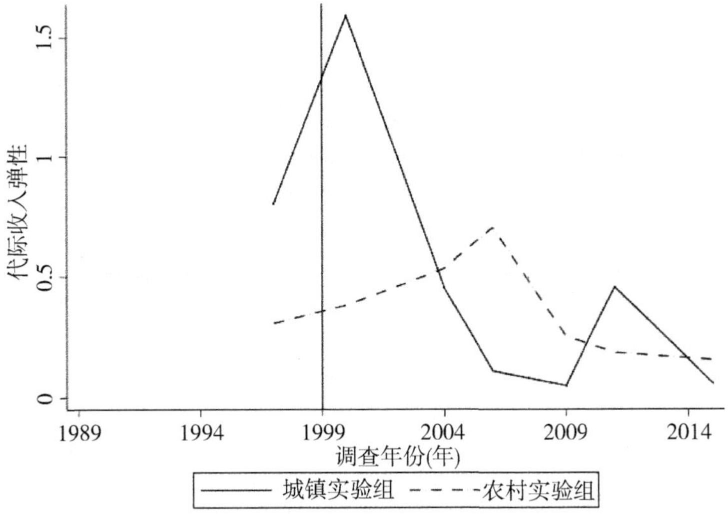

图 1-3　城镇实验组与农村实验组代际收入弹性走势图

3. 扩招政策对不同地区的影响

上文从城乡收入差距角度考察了城乡间政策效应差异，发现政策实施初期城镇居民代际收入弹性下降，而农村代际收入弹性上升。由于低收入群体占比较高，因此整体表现出代际收入弹性上升，这主要是由于低收入群体内部代际流动性下降所导致的。除了城乡收入差距，我国也同样存在着地区收入差距，一般而言东部地区人均收入会高于其他地区。我们所关心的是，地区收入差距是否同样会导致与上文一致的政策效应差异呢？为了回答这个问题，我们将对数据按四大经济地区(东部、中部、东北、西部)分组进行回归。回归结果呈现在表1-6中，同时交叉项系数及其显著程度绘制在图1-4中。

从所呈现的结果来看，东北部交叉项系数不显著，其他地区均在1%水平上显著为正，但数值大小不尽相同。结合表1-3第(3)列回归结果而言，中部与西部的政策效应基本持平并略低于平均水平，而东部却几乎是平均水平的两倍，由此说明东部地区受扩招政策影响较大。值得注意的是，如果从收入角度来看，东部地区人均收入应该高于其他地区，但回归结果显示政策使得较高收入水平的东部地区代际收入弹性上升，这与上文父亲收入分组回归的结果并不一致。为何会这样呢？我们给出的解释是，这可能是我国特殊的户籍制度所造成的。一方面，户籍制度的存在降低了劳动力市场的流动性，即使是高素质劳动力，在从欠发达地区向发达地区迁移时也会在某种程度上受到户籍制度的影响，这使得欠发达地区子代相比发达地区子代将损失更多的就业机会，进而提高了代际收入弹性；另一方面，户籍制度的间接表现是社会福利的分层，不同地区居民及其子代社会福利的差距也会间接地表现为真实收入的差距，这也会在一定程度上提高代际收入弹性。

以上阐述了为何两者会存在不一致性。同时，这两者的不一致性也说明我国代际流动性存在分层现象，即高收入阶层流动性较高，而低收入阶层流动性较低，户籍制度在某种程度上限制了低收入阶层向高收入阶层的流动。由于户籍制度的存在，劳动力流动性下降与社会福利制度的差异，使得较低收入阶层的子代难以寻求更好的工作机会与社会保障，这会在整体上提高代际收入弹性，降低代际流动性。而高收入阶层能够通过利用经济优势进行对子代人力资本投资与社会资本投资，提高代际流动性。综合作用结果就会使各个阶层收入差距逐渐固化。

表 1-6　　按地区分组回归结果

变量	(1)东部 子代收入对数	(2)中部 子代收入对数	(3)东北部 子代收入对数	(4)西部 子代收入对数
父亲收入对数	0.273***	0.305***	0.285***	0.188***
	(0.0302)	(0.0390)	(0.0767)	(0.0322)
子代年龄	0.0694**	-0.0144	0.116	0.112***
	(0.0285)	(0.0352)	(0.0830)	(0.0364)
子代年龄平方	1.97e-05	0.00164***	-0.000725	-0.000515
	(0.000428)	(0.000577)	(0.00125)	(0.000581)
父亲年龄	-0.0155	0.0637	0.227***	0.0235
	(0.0348)	(0.0420)	(0.0791)	(0.0451)
父亲年龄平方	0.000199	-0.000539	-0.00178***	-0.000150
	(0.000285)	(0.000360)	(0.000643)	(0.000374)
D*父亲收入对数	-0.110*	0.0460	0.0679	0.0266
	(0.0652)	(0.0315)	(0.0836)	(0.0333)
T*父亲收入对数	0.0374***	0.00293	-0.00584	0.0215*
	(0.0118)	(0.0142)	(0.0372)	(0.0122)
D*T*父亲收入对数	0.216***	0.0888***	0.0445	0.0902***
	(0.0657)	(0.0331)	(0.0860)	(0.0343)
常数项	4.389***	2.880**	-3.421*	2.990**
	(0.956)	(1.137)	(2.065)	(1.183)
样本量	1309	1209	344	1372
R-squared	0.606	0.506	0.394	0.404

注：$***p<0.01$，$**p<0.05$，$*\ p<0.1$

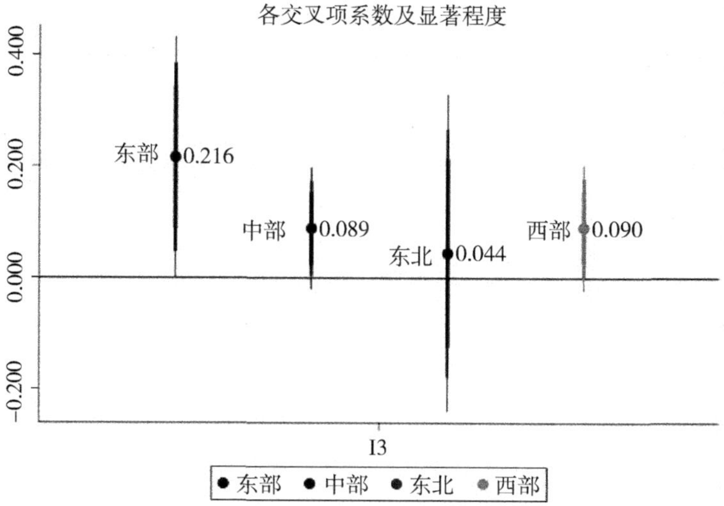

图 1-4　表 1-6 交叉项系数及其显著程度

(二)扩招政策对子代教育获得的影响

上文证实了高校扩招政策确实对代际收入弹性产生了作用，并且政策对不同收入阶层的影响不尽相同，因此接下来我们会时刻关注政策对不同收入群体效应的差异。在后文我们将具体探究政策对代际收入弹性的具体影响途径。借鉴目前文献考察教育与代际流动关系的方法，我们将从教育获得和教育回报两个阶段进行分析。

1. 扩招政策对不同收入水平家庭的子代教育获得的影响

在教育获得阶段，我们关注的问题是扩招政策是否以及如何影响父亲收入对子代在教育获得阶段的作用。我们仍然采用双重差分法，同时以子代受教育年限为因变量进行回归。结果报告在表 1-7 中，其中第(1)列是整体回归结果，其他各列是按父亲收入四分位数分组回归的结果。各列回归结果交叉项系数及显著程度呈现在图 1-5 中。

表 1-7　　全样本与按父亲收入分组回归结果

变量	(1)全样本 子代受教育年限	(2)低收入 子代受教育年限	(3)中低收入 子代受教育年限	(4)中高收入 子代受教育年限	(5)高收入 子代受教育年限
父亲收入对数	0.740***	-0.0187	1.353***	1.860***	0.0500
	(0.0506)	(0.106)	(0.351)	(0.424)	(0.290)
D*父亲收入对数	0.0157	-0.0548	0.0932**	0.0604	-0.341***
	(0.0355)	(0.0845)	(0.0452)	(0.0581)	(0.0783)
T*父亲收入对数	0.104***	0.0776***	0.0281	0.113***	0.172**
	(0.0158)	(0.0298)	(0.0278)	(0.0283)	(0.0817)
D*T*父亲收入对数	0.250***	0.271***	0.0776	0.197***	0.592***
	(0.0387)	(0.0942)	(0.0570)	(0.0635)	(0.0838)
常数项	1.550***	7.171***	-3.604	-9.604**	8.988***
	(0.403)	(0.740)	(2.965)	(3.913)	(2.929)
样本量	4234	1059	1058	1070	1047
R-squared	0.287	0.051	0.064	0.171	0.094

注：***$p<0.01$，**$p<0.05$，* $p<0.1$

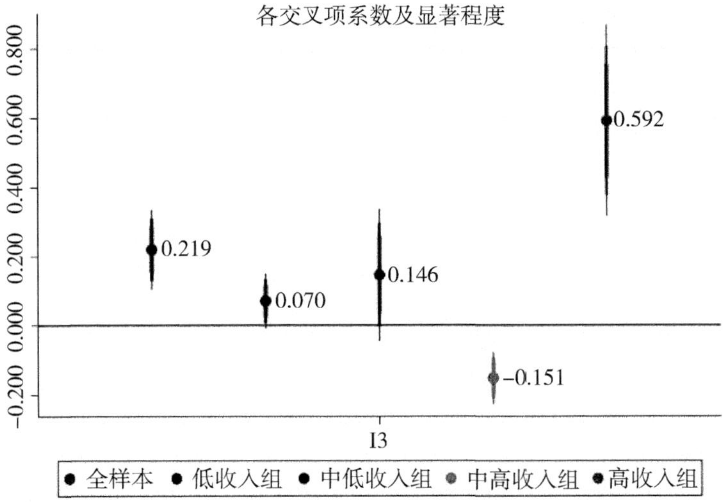

图 1-5　表 1-7 交叉项系数及其显著程度

从第(1)列结果看出，父亲收入项在1%水平上显著且系数为正，说明父亲收入对子代获得更多教育具有促进作用，这也符合一般的现实情况。交叉项(D * F * log(F_inc))系数的同样也在1%水平上显著为正，说明整体而言扩招政策增强了父代收入对子代教育获得的促进作用。为了进一步考察政策对不同收入群体的影响，对样本按父亲收入分组进行回归。从不同收入组别回归结果来看，中低收入组别交叉项系数不再显著，低收入组和中高收入组交叉项系数接近平均值，而高收入组别交叉项系数显著提高，说明实行扩招政策后，父代收入对子代教育获得的正向作用在高收入组别中更为显著。这也表明扩招政策所创造的更多教育机会更多地被高收入家庭所获得。

结合政策实施的具体情况以及相关文献，我们尝试对上述结果作出解释。首先是学生个人能力问题。如Iyirian(1998)所指出，教育扩张实质上是教育系统对入学要求尤其是对学生个人能力要求的降低。由于富裕家庭往往更重视子代人力资本投资，其子代的能力水平可能会高于其他阶层。因此扩张政策降低使入学门槛后，富裕阶层的子代更有可能获得教育机会首先受益。而低收入家庭相对于富裕家庭来说人力资本投资不足，造成子代能力上的不足。因此在扩张政策降低入学门槛后，低收入家庭子代能够有更多教育机会。由此可以解释为何低收入组、中高收入组与高收入组交叉项系数显著。但是为何中低收入组交叉项系数不显著呢？我们借鉴李春玲(2010)关于高等教育系统内部教育机会不平等的观点对此进行讨论。高等教育系统内部存在教育质量分层现象，较高质量的高等教育机会不平等大于较低质量的高等教育机会不平等。从子代能力与经济优势而言，较高收入家庭更可能获得较高质量的教育机会，而较低收入家庭只能获得较低质量的教育机会。因此入学门槛降低使得中低收入组家庭子代既难以获得高质量教育机会，又同时面临较低质量的教育机会被低收入组家庭获取的双重作用。这可能就是扩招政策对中低收入组效果并不显著的原因。其次是上大学的成本问题。1999年高等教育扩招张大幅扩大了大学招生名额，但同时入学学费也在不断上涨，由赵聚晖、宋述龙(2008)研究结果和国家统计局资料发现，从1999年生均学费2769元到2004年的4785元，之后数年仍然以7.5%的速度上涨。康建军(2008)等研究指出，在我国居民对高等教育的支出能力主要取决于其收入水平。而不断上涨的学费对于不少家庭而言是一项较大的负担，学费占农村居民纯收入的比例由1999年的31.3%提高到2004年的41.2%(赵聚晖、宋述龙，2008)。因此，上大学的成本问题对于不少家庭尤其是农村家庭而言，是一项较重的负担，这使得富裕家庭能够发挥其经济优势，为子代获得扩招所增加的教育机会。这就能够解释为何高收入组家庭交叉项系数显著并且系数值明显高于整体平均水平了。

2. 扩招政策对城乡家庭的子代教育获得的影响

上文通过对子代教育获得整体政策效应的考察，发现政策促进了父亲经济优势对子代教育获得的正向作用。按父亲收入分组回归结果进一步验证发现，高收入家庭的确能够发挥其经济优势，从而获取更多教育机会。收入差距在宏观上表现为城乡收入差距与地区收入差距，在此我们首先考察城乡家庭的政策效应差异。通过对数据进行城乡分组回归，我们得到表1-8的回归结果。从表中可以看出，城镇组与农村组的父亲收入对数项均在1%水平上显著为正，并且城镇组系数值明显高于农村组，说明城镇组中父亲经济优势对子代教育获得的影响程度更大。这样的结果也符合常理，一般而言城镇教育成本远高于农村，因此父亲的经济优势对子代教育获得产生的影响也就更大。我们所关注的交叉项系数也均在1%水平上显著为正，两者相差不大，但城镇组交叉项系数值略低于农村组。说明扩招政策实施后，农村教育成本上升速度比城镇组更快，使得农村组中父亲经济优势对子代教育获得的影响程度增大，故农村组中子代教育获得的政策效应更强。

表 1-8　　按城乡分组回归结果

变量	(1)城镇组 子代受教育年限	(2)农村组 子代受教育年限
父亲收入对数	0.935***	0.569***
	(0.120)	(0.0552)
D＊父亲收入对数	0.154*	0.0151
	(0.0891)	(0.0365)
T＊父亲收入对数	0.140***	0.0916***
	(0.0359)	(0.0172)
D＊T＊父亲收入对数	0.194**	0.224***
	(0.0943)	(0.0402)
常数项	0.204	2.837***
	(1.009)	(0.433)
样本量	1057	3177
R-squared	0.346	0.246

注：***$p<0.01$，**$p<0.05$，＊ $p<0.1$

3. 扩招政策对不同地区的子代教育获得的影响

上文对城乡间政策效应差异的分析发现，农村组教育成本上升较快，使得子代教育获得的政策效应更强。接着我们来考察政策对不同地区子代教育获得的影响。表 1-9 报告了按地区分组回归的结果，图 1-6 显示了所关注的交叉项系数和它的显著程度。根据回归结果，我们可以看出，四个地区的交叉项系数均在 1%水平上显著为正。在系数值大小上，东北部最大，东部略低于东北部。说明政策实施后，父亲经济优势对子代教育获得的影响在东北部和东部表现较为明显，其次是中部，最后是西部。这也反映出政策使得东北部教育成本上升幅度最大，东部也有较大幅度上升，不过略低于东北部，西部上升幅度最小。

表 1-9　　**按地区分组回归的结果**

变量	(1)东部 子代受教育年限	(2)中部 子代受教育年限	(3)东北部 子代受教育年限	(4)西部 子代受教育年限
父亲收入对数	1.342***	0.328***	0.755***	0.457***
	(0.107)	(0.0821)	(0.230)	(0.0811)
D＊父亲收入对数	-0.0459	0.102*	-0.202***	0.00257
	(0.0684)	(0.0541)	(0.0685)	(0.0651)
T＊父亲收入对数	0.114***	0.0971***	-0.0222	0.0883***
	(0.0302)	(0.0288)	(0.0579)	(0.0264)
D＊T＊父亲收入对数	0.326***	0.242***	0.366***	0.188***
	(0.0730)	(0.0624)	(0.0830)	(0.0708)
常数项	-3.549***	4.998***	2.158	3.742***
	(0.873)	(0.645)	(1.924)	(0.635)
样本量	1309	1209	344	1372
R-squared	0.409	0.302	0.125	0.151

注：***$p<0.01$，**$p<0.05$，* $p<0.1$

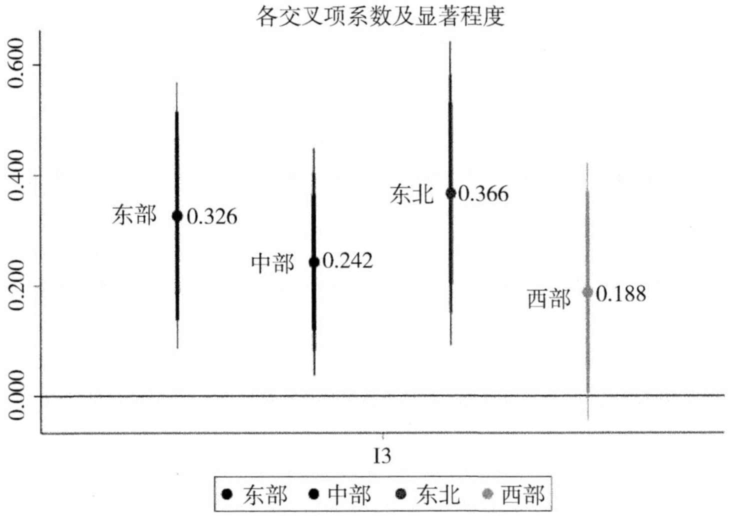

图 1-6　表 1-9 交叉项系数及其显著程度

(三)扩招政策对子代教育回报的影响

1. 扩招政策对不同收入群体教育回报率的影响

在上文我们考察了政策对于子代教育获得的影响，发现扩招政策所创造的教育机会在不同收入阶层发生了不平均分配，较高质量的高等教育机会主要被经济地位较高的家庭所获取。并且较低质量的高等教育机会在低收入和中低收入阶层形成竞争，使得中低收入家庭受扩招政策影响程度并不显著。更进一步，我们想了解政策对教育回报率的具体影响，以及其在不同层次收入家庭的区别。表 1-10 汇报了回归结果，同时图 1-7 展示了我们所关注的交叉项系数及其显著程度。从第(1)列回归结果中可以看出，我们所关注的交叉项(D * T * C_edu)系数在 1%水平上显著为正，说明扩招政策效应使平均教育回报率增大。接着我们将父亲收入按四分位数分组分别进行回归，第(2)~(5)列报告了回归结果。各组交叉项系数仍显著，但系数值大小不尽相同。低收入组与中高收入组交叉项系数值高于整体平均水平，中低收入组接近但小于平均水平，值得注意的是，高收入组中教育回报率的政策效应为负。

对以上估计结果，我们给出如下解释：首先，如前文所述，假设不同经济地位家庭的子代具有不同的能力水平，并且不同质量的教育机会在不同经济地位存在分层。那么当扩招政策降低入学门槛后，低收入家庭与中低收入家庭子代就会在较低质量的高等教育机会上发生竞争，同理中高收入与高收入家庭子代会在较高质量的高等教育机会上存在竞争。竞争的结果就使得低收入与中高收入家庭子代能够获取更多教育，进而提高其在劳动力市场上的教育回报率。并且扩招政策后过快的扩招的速度导致高校的师资力量、实验设备、图书馆资源等资源都难以满足教学的需要，这给教学水平带来了负面的影响，也降低了毕业生的质量。其次，尽管中国经济高速增长，但是工作岗位的需求量与扩招后毕业生的人数存在较大的缺口，导致劳动力市场上供求失衡。因此，高素质劳动力人数的增加和质量的下降导致教育回报率的下降。最后，文东茅(2005)通过调查研究发现，在劳动力市场上，为找到一份满意的工作，大多数应聘者会进行人力资本投资，从而增加了对教育的需求；另一方面，由于招生规模的扩大降低了文凭的含金量，导致大部分毕业生找不到到一份满意的工作，所以他们中的一些人被迫选择接受更高的教育水平。综合两方面的原因，我国高等教育系统中存在着教育质量分层与教育机会分配不均的现象，造成了子代教育回报率的政策效应存在收入分层现象。

表 1-10　　　　**扩招政策对教育回报率的影响**

变量	(1)全样本 子代收入对数	(2)低收入 子代收入对数	(3)中低收入 子代收入对数	(4)中高收入 子代收入对数	(5)高收入 子代收入对数
子代受教育年限	0.0549***	0.0739***	0.0379***	0.0463***	-0.00522
	(0.00717)	(0.0127)	(0.0120)	(0.0163)	(0.0193)
工作时间	0.0785***	0.0594***	0.0612***	0.0985***	0.0535***
	(0.00697)	(0.0163)	(0.0158)	(0.0127)	(0.0115)
工作时间平方	0.000170	0.00108**	0.000435	-0.000574	-0.000589
	(0.000224)	(0.000535)	(0.000559)	(0.000384)	(0.000362)
D＊子代受教育年限	0.0134	-0.0625*	0.0279	-0.0251	0.317***
	(0.0272)	(0.0345)	(0.0182)	(0.0645)	(0.0240)
T＊子代受教育年限	0.0521***	0.0341**	0.0216*	0.0279**	0.0831***
	(0.00627)	(0.0138)	(0.0115)	(0.0134)	(0.0180)
D＊T＊子代受教育年限	0.0756***	0.167***	0.0525**	0.111*	-0.285***
	(0.0273)	(0.0364)	(0.0208)	(0.0645)	(0.0223)
常数项	6.769***	6.295***	7.201***	7.164***	8.390***
	(0.0744)	(0.137)	(0.135)	(0.154)	(0.158)
样本量	4234	1059	1058	1070	1047
R-squared	0.476	0.344	0.279	0.373	0.217

注：$***p<0.01$，$**p<0.05$，$*\ p<0.1$

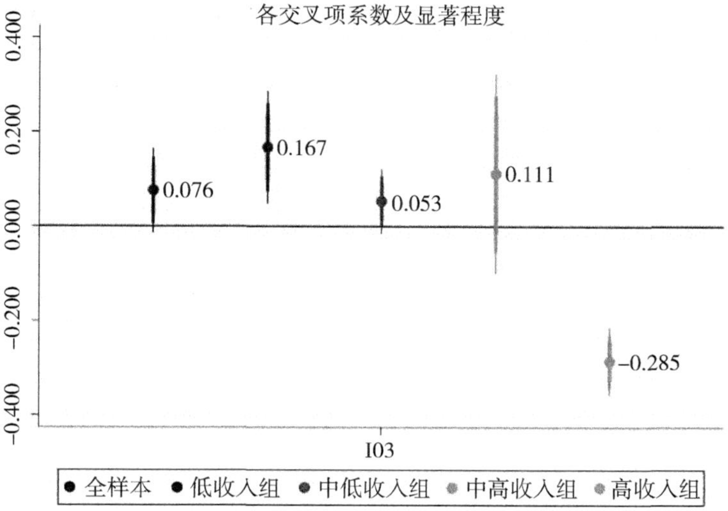

图 1-7　表 1-10 交叉项系数及其显著程度

2. 扩招政策对城乡居民子代教育回报率的影响

上文分析了政策对不同收入群体的影响，分析结果发现子代教育回报率的政策效应在不同收入群体中存在分层现象。为了进一步了解政策对城乡居民的子代教育回报率的影响，我们将数据按城乡分组进行回归。表1-11报告了回归结果。从结果中可以看出，城镇组和农村组子代受教育项系数均在 1%水平上显著为正，并且系数值接近，说明在不考虑政策效应的情况下，城乡教育回报率基本一致。我们所关注的交叉项在城镇组中并不显著，但在农村组中显著为正，说明政策显著提高了农村居民子代的教育回报率，而对城镇居民子代的教育回报率并无显著影响。结合上文的分析，我们认为形成这种现象的原因是，扩招政策创造了新的教育机会，同时降低了入学门槛，因此农村子代能够接受更多的教育，并在未来成为更高素质的劳动力，提高教育回报率。而在城镇过快的扩招的速度会导致高校教育资源都难以满足教学的需要，这给教学水平带来了负面的影响，也降低了毕业生的质量。并且农村子代形成高素质劳动力后会与城镇子代在劳动力市场上形成竞争，这也进一步使城镇子代教育回报率的政策效应下降。

表 1-11　　　　按城乡分组回归结果

VARIABLES	(1)城镇组 子代收入对数	(2)农村组 子代收入对数
子代受教育年限	0.0432***	0.0501***
	(0.0143)	(0.00826)
工作时间	0.0635***	0.0786***
	(0.0120)	(0.00843)
工作时间平方	-0.000137	0.000456*
	(0.000377)	(0.000276)
D*子代受教育年限	0.0590	0.0112
	(0.0463)	(0.0295)
T*子代受教育年限	0.0711***	0.0398***
	(0.0109)	(0.00765)
D*T*子代受教育年限	-0.00729	0.0977***
	(0.0463)	(0.0298)
常数项	7.335***	6.708***
	(0.152)	(0.0850)
样本量	1057	3177
R-squared	0.478	0.463

注：***$p<0.01$，**$p<0.05$，* $p<0.1$

3. 扩招政策对不同地区子代教育回报率的影响

接着我们来考察不同地区子代教育回报率的政策效应的差异，为此我们将数据按地区分组进行回归。表 1-12 报告了回归结果，图 1-8 呈现了我们所关注的交叉项系数及其显著程度。从结果中看出，东北部交叉项系数并不显著，而其他地区交叉项系数均显著为正，说明政策对东北地区子代教育回报率并无显著影响，这可能是样本数据较少导致的(东北部样本量仅有344)。值得注意的是，东部交叉项系数显著高于其他地区，说明政策使得东部的子代教育回报率远高于其他地区。这也符合现实情况，东部地区经济发达，发展迅速，优质的工作机会也会更多，这会吸引更高素质的劳动力向东部流动。同时，扩招政策实施后也会储备一大批未来希望在东部发展的优质劳动力。两者相互作用就使得东部地区子代教育回报率会远高于其他地区。

表1-12　　　　**按地区分组进行回归**

VARIABLES	(1)东部 C_inc_log	(2)中部 C_inc_log	(3)东北部 C_inc_log	(4)西部 C_inc_log
C_edu	0.0656***	0.0404***	0.0256	0.0539***
	(0.0119)	(0.0142)	(0.0351)	(0.0118)
exper	0.0728***	0.0505***	0.132***	0.0920***
	(0.00961)	(0.0132)	(0.0294)	(0.0141)
experq	0.000294	0.00126***	-0.00139	-0.000463
	(0.000289)	(0.000459)	(0.000851)	(0.000458)
I01	-0.112	0.0626**	0.111	0.0208
	(0.0750)	(0.0289)	(0.125)	(0.0368)
I02	0.0570***	0.0248*	0.0254	0.0503***
	(0.00975)	(0.0132)	(0.0342)	(0.0105)
I03	0.180**	0.0583*	-0.00229	0.0674*
	(0.0749)	(0.0303)	(0.125)	(0.0370)
Constant	6.985***	6.953***	7.069***	6.593***
	(0.118)	(0.147)	(0.320)	(0.129)
Observations	1309	1209	344	1372
R-squared	0.591	0.447	0.305	0.401

注：*** $p<0.01$，** $p<0.05$，* $p<0.1$

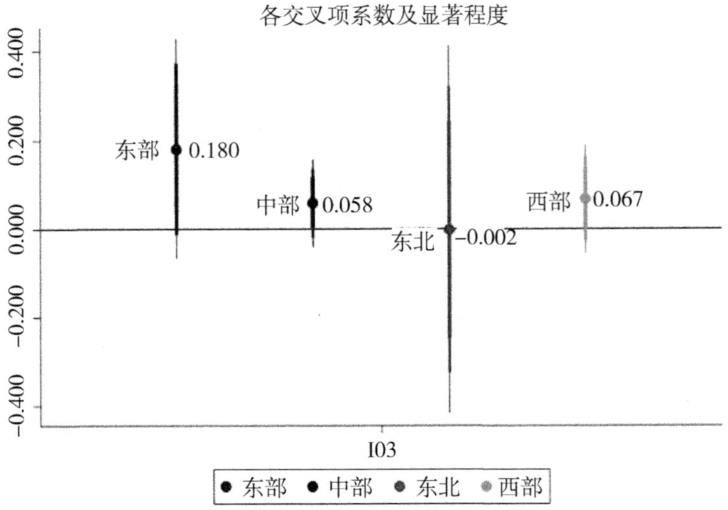

图 1-8　表 1-13 交叉项系数及其显著程度

4. 小结：扩招政策对子代的教育获得与教育回报影响的结论

以上的分析中我们主要从高等教育扩招政策对子代教育获得与子代教育回报两方面来分析高等教育扩招影响代际收入传递的机制。从总体上来说，扩招政策对子代教育获得与教育回报均具有正向作用，提高了子代的受教育年限与教育回报率。主要原因是扩招政策创造了新的教育机会，降低了入学门槛，这就使得较低收入家庭的子代有更多机会接受高等教育，以此提高人力资本积累，并且在高等教育扩招背景下中国经济的发展使得劳动力市场对高素质劳动力需求增加。由于个人与社会两方面的作用使得教育回报率有所上升。

接着我们从收入、城镇与农村、地区三个角度分别分析了政策对子代教育获得与教育回报率的影响。从对不同收入群体的分析发现，不同收入家庭的子代教育获得与教育回报的政策效应不尽相同。具体而言，低收入家庭子代受教育年限和教育回报率均上升；中低收入家庭子代受教育年限和教育回报率基本接近平均水平；中高收入家庭子代受教育年限接近平均水平，但教育回报率上升；高收入家庭子代受教育年限显著上升，但教育回报率却下降。对于以上结果我们给出的解释是：在教育获得阶段，由于子代个人能力水平与教育成本的影响，高收入家庭能够发挥其经济优势，从而获取更多教育机会。高等教育并不是义务教育，低收入和中低收入群体面临着上大学的成本问题。除了逐年上涨的金钱成本外，时间成本也是上大学成本的一种表现方式，较低收入阶层受教育年限的增加同时也意味着其职业生涯的缩短。另一方面，在教育回报阶段，教育系统内部高等教育质量分层与教育机会不平等(李春玲，2010)造成了子代收教育年限与教育回报率的不一致性。高等教育过快地扩张导致教学资源供给不足，这给教学水平带来了负面的影响，也降低了毕业生的质量。并且劳动力市场上高素质劳动力人数的增加和质量的下降进一步导致教育回报率的下降。

从城乡对比分析中发现，父代经济优势对子代教育获得的正向作用受政策效应影响基本接近，但是在子代教育回报率上，政策对农村子代的教育回报率正向作用更强，而对城镇子代无显著影响。这是因为，扩招政策给予了农村子代更多教育机会，完成向高素质劳动力的提升，并与城镇子代在劳动力市场上形成竞争。从地区的对比分析中发现，政策均促进了父亲经济优势对子代教育获得的正向作用，并在东部和东北部表现得更为明显。政策实施后，四大经济地区中东部地区的子代教育回报率的政策效应远高于其他地区。

(四)扩招政策对子代职业类型的影响

通过上文的分析，我们了解到扩招政策会通过加强父亲收入对子代教育的正向作用而使得代际流动减弱，但我们并未考虑父亲的经济优势是否可能通过影响子代获得高收入职业的机会，进而影响子代的收入。为此，我们会首先分析政策对子代职业类型的影响，并在此基础上探究父亲分别与子代受教育年限和职业类型的交互作用对子代未来收入的影响，由此进一步考察扩招政策对代际流动性的作用机制。

1. 扩招政策对不同收入群体的子代职业类型的影响

首先，我们考察政策对不同收入群体的子代职业类型的影响。在进行回归之前，考虑到子代职业类型会受子代受教育年限的影响，如果忽略子代受教育年限可能会产生遗漏变量的问题。因此首先我们需要先确定子代受教育年限对子代职业类型是否有显著影响。为此我们对表 1-13 中的模型进行回归，同时报告了结果。发现子代受教育年限项在 1%水平上显著，说明应当包含子代受教育年限项。

接着在表 1-14 中我们报告了按收入分组回归的结果，交叉项系数及其显著程度呈现在图 1-9 中。从全样本回归结果来看，父亲收入项系数显著为正，说明整体而言，父亲经济优势对子代获取高收入职业具有正向作用。同时交叉项(D * T * F_inc)系数显著为正，说明扩招政策进一步加强了父亲经济优势对子代获取高收入职业的正向作用。子代受教育年限项系数与交叉项系数也显著为正，说明子代获得高收入职业的既在于受教育水平的上升，也源于父亲的经济优势。为了进一步了解不同收入群体间政策效应的差异，我们进行了表 XX 中按收入组别的回归。回归结果显示，就父亲收入项而言，中高收入组与高收入组并不显著，说明对较高收入家庭的子代而言，其获取高收入职业的主要途径是提高受教育水平，加强自身人力资本积累，与父亲经济优势并无显著的直接关系。低收入组父亲收入项在 1%水平上显著为负，说明低收入家庭父亲较低的经济地位不仅无法对子代职业产生正效应，反而会造成一定阻碍，尽管政策实施后这种情况有所缓和，但仍然存在。中低收入组父亲收入项在 1%水平上显著为正，说明中低收入家庭中，父亲的经济优势对子代职业具有正向作用，并且扩招政策进一步强化了这种作用。从上面的分析可以看出，扩招政策加强了中低收入家庭父亲经济优势对子代职业的正向作用，缓和了低收入家庭父亲经济劣势对子代职业的负向作用，对中高收入和高收入家庭的子代并无显著影响。

表 1-13　　　　**模型对比**

变量	(1)全样本 子代职业类型	(2)全样本 子代职业类型
父亲收入对数	0.468***	0.346***
	(0.0352)	(0.0338)
D*父亲收入对数	-0.115***	-0.117***
	(0.0357)	(0.0347)
T*父亲收入对数	0.103***	0.0855***
	(0.0115)	(0.0111)
D*T*父亲收入对数	0.173***	0.131***
	(0.0366)	(0.0356)
子代受教育年限		0.165***
		(0.00774)
常数项	-2.058***	-2.314***
	(0.271)	(0.248)
样本量	4234	4234
拟合优度	0.238	0.299

注：***$p<0.01$，**$p<0.05$，* $p<0.1$

表 1-14　　　　**按收入分组回归结果**

变量	全样本 子代职业类型	(1)低收入 子代职业类型	(2)中低收入 子代职业类型	(3)中高收入 子代职业类型	(4)高收入 子代职业类型
父亲收入对数	0.346***	-0.169**	0.529**	0.355	0.0283
	(0.0338)	(0.0728)	(0.257)	(0.246)	(0.0959)
D*父亲收入对数	-0.117***	-0.0891***	-0.151***	-0.167***	0.201***
	(0.0347)	(0.0212)	(0.0569)	(0.0620)	(0.0425)
T*父亲收入对数	0.0855***	0.137***	-0.0159	0.0701***	0.0766*
	(0.0111)	(0.0206)	(0.0207)	(0.0244)	(0.0431)

续表

变量	全样本 子代职业类型	(1)低收入 子代职业类型	(2)中低收入 子代职业类型	(3)中高收入 子代职业类型	(4)高收入 子代职业类型
D＊T＊父亲收入对数	0.131***	0.152***	0.226***	0.168***	-0.195***
	(0.0356)	(0.0388)	(0.0619)	(0.0637)	(0.0443)
子代受教育年限	0.165***	0.202***	0.214***	0.189***	0.0913***
	(0.00774)	(0.0188)	(0.0206)	(0.0149)	(0.0115)
常数项	-2.314***	0.537	-3.941*	-2.221	2.095**
	(0.248)	(0.519)	(2.140)	(2.257)	(0.922)
样本量	4234	1059	1058	1070	1047
拟合优度	0.299	0.175	0.112	0.164	0.098

注：$***p<0.01$，$**p<0.05$，$*\ p<0.1$

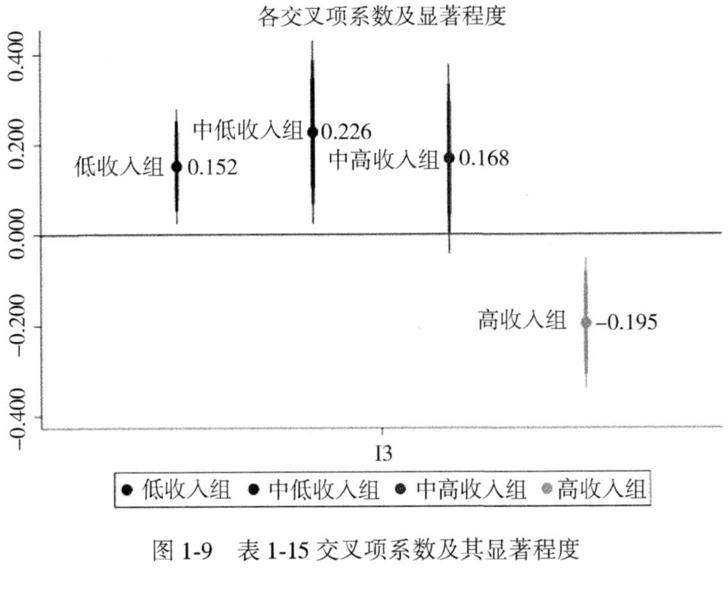

图 1-9 表 1-15 交叉项系数及其显著程度

2. 扩招政策对城乡居民的子代职业类型的影响

接着我们来考察城乡家庭子代职业的政策效应差异，为此我们将数据按城乡分组进行了回归。表 1-15 报告了回归结果。结果显示，城镇组和乡村组父亲收入项均显著为正且基本接近，说明若不考虑政策效应，父亲经济优势对子代职业的正向作用相近。从我们所关注的交叉项系数来看，农村组交叉项系数显著为正，说明政策加强了农村父亲经济优势对子代职业的正向作用，而城镇组交叉项系数并不显著，说明城镇组的政策效应并不明显。

表 1-15　　按城乡分组回归结果

变量	(1) 子代职业类型	(2) 子代职业类型
父亲收入对数	0.285***	0.319***
	(0.0710)	(0.0372)
D＊父亲收入对数	-0.0885	-0.105***
	(0.128)	(0.0354)
T＊父亲收入对数	0.0728***	0.0844***
	(0.0222)	(0.0126)
D＊T＊父亲收入对数	0.0801	0.137***
	(0.129)	(0.0368)
子代受教育年限	0.0974***	0.189***
	(0.0140)	(0.00939)
常数项	-0.396	-2.482***
	(0.568)	(0.273)
样本量	1057	3177
R-squared	0.214	0.297

注：***$p<0.01$，**$p<0.05$，* $p<0.1$

3. 扩招政策对不同地区的子代职业类型的影响

为了了解政策对不同地区子代职业类型的影响差异，我们将数据按地区分析进行回归。表 1-16 报告了回归结果，同时我们将所关注的交叉项系数呈现在图 1-10 中。我们发现中部交叉项系数并不显著，说明中部地区子代职业类型的政策效应并不明显。其他地区的交叉项系数均在 1%水平上显著，东北部系数值最大，其次是东部，最后是西部。说明东北部的子代职业类型受政策影响最为明显。

表 1-16　　按地区分组的回归结果

变量	(1)东部 子代职业类型	(2)中部 子代职业类型	(3)东北部 子代职业类型	(4)西部 子代职业类型
父亲收入对数	0.461***	0.356***	0.393***	0.199***
	(0.0617)	(0.0629)	(0.127)	(0.0557)
D*父亲收入对数	-0.199***	-0.0367	-0.252***	-0.143***
	(0.0689)	(0.0645)	(0.0467)	(0.0448)
T*父亲收入对数	0.0661***	0.0654***	0.0182	0.0985***
	(0.0210)	(0.0206)	(0.0501)	(0.0184)
D*T*父亲收入对数	0.201***	0.107	0.253***	0.150***
	(0.0698)	(0.0665)	(0.0548)	(0.0479)
子代受教育年限	0.0933***	0.167***	0.201***	0.209***
	(0.0121)	(0.0153)	(0.0261)	(0.0152)
常数项	-2.034***	-2.695***	-2.640***	-1.642***
	(0.463)	(0.479)	(0.959)	(0.409)
样本量	1309	1209	344	1372
R-squared	0.306	0.351	0.212	0.221

注：***$p<0.01$，**$p<0.05$，* $p<0.1$

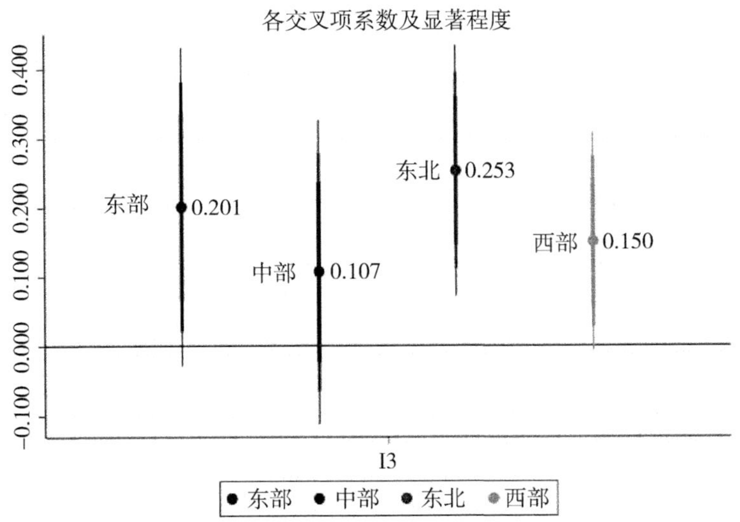

图 1-10　表 1-16 交叉项系数及其显著程度

（五）扩招政策对代际收入弹性的作用机制分析

1. 父亲收入对子代教育回报率的作用机制分析

在上文通过考察政策对子代教育获得及教育回报的影响发现，整体而言扩招政策对子代教育获得及教育回报均具有正向作用，但通过对不同收入阶层进行分组回归发现，无论是子代教育获得还是教育回报率，政策效应都存在分层现象，即在较高收入阶层与较低收入阶层内部存在相似差异。确定了政策对子代教育回报率存在影响，但是这其中的作用机制如何呢？为了回答这个问题，在教育回报阶段，我们采用明瑟方程并引入父亲收入与子代教育年限交互项进行回归。表 1-17 报告了回归结果。第（2）列在第（1）列基础上增加了父亲收入与子代受教育年限的交叉项后发现，该交叉项系数显著为正，而子代受教育年限项由显著为正变为负，说明父亲收入可能以子代教育为中介作用于子代收入，即富裕家庭更可能抓住高等教育扩张政策带来的教育机会，从而提高其子代的受教育年限与人力资本积累，进而转化为其收入优势，反之贫困家庭越难抓住教育机会就越难使子代在未来获取高收入，进而使得阶层流动性减弱。

表 1-17　　子代教育回报率估计结果

变量	（1） 子代收入对数	（2） 子代收入对数
子代受教育年限	0.196***	-0.183***
	(0.00381)	(0.0151)
工作时间	0.0684***	0.0794***
	(0.00722)	(0.00727)
工作时间平方	0.000223	-0.000340
	(0.000249)	(0.000258)
父亲收入对数 * 子代受教育年限		0.0355***
		(0.00136)

续表

变量	(1) 子代收入对数	(2) 子代收入对数
常数项	6.291***	6.813***
	(0.0675)	(0.0684)
样本量	4234	4234
R-squared	0.350	0.441

注：*** $p<0.01$，** $p<0.05$，* $p<0.1$

需要注意的是，首先是明瑟方程本身的特征以及CHNS数据的限制，这一部分对教育回报率的估算有其局限性，表现在仅考虑个人特征层面对教育收益的影响，忽略了市场结构、劳动力需求等市场要素的影响。如果这些变量能够以合适的度量指标引入模型的话，估计结果将得到进一步的改进。其次，结合关于扩招政策对教育回报率影响的相关文献来看，不少文献指出高等教育回报率与非高等教育回报率的差距日益扩大(姚先国等，2013)，这就意味着在此次扩招政策中上大学几率提高的家庭，其子代仍维持着相对的收入优势，这在一定程度上能够解释最初的回归结果，但受数据和方程限制，无法在此得到反映。

2. 父亲收入对子代职业回报率的作用机制分析

接着我们来考察父亲收入影响子代职业回报率的作用机制。表1-18第(1)列的结果显示，父亲收入、子代职业类型与子代受教育年限对子代收入均具有显著的促进作用。接着我们在第(2)、(3)列依次加入了父亲收入与子代职业类型的交互项、父亲收入与子代受教育年限的交互项。回归结果显示，父亲收入与子代职业类型的交互项系数显著为负，而父亲收入与子代受教育年限的交叉项系数显著为正。说明父亲经济优势对子代教育回报率具有正向作用，而对子代职业回报率具有负向作用。

表 1-18　　父亲收入对子代收入的具体影响途径分析结果

变量	(1) 子代收入对数	(2) 子代收入对数	(3) 子代收入对数
子代职业类型	0.230***	0.471***	0.556***
	(0.00952)	(0.0637)	(0.0698)
父亲收入对数	0.334***	0.416***	0.337***
	(0.0189)	(0.0288)	(0.0401)
子代受教育年限	0.0555***	0.0586***	-0.0474
	(0.00431)	(0.00435)	(0.0373)
父亲收入对数 * 子代职业类型		-0.0284***	-0.0379***
		(0.00731)	(0.00793)
父亲收入对数 * 子代受教育年限			0.0114***
			(0.00388)
常数项	4.829***	4.148***	4.875***
	(0.148)	(0.236)	(0.355)
样本量	4234	4234	4234
R-squared	0.450	0.454	0.455

注：***$p<0.01$，**$p<0.05$，* $p<0.1$

3. 扩招政策对代际收入弹性的作用机制分析

通过上文的分析我们发现，父代收入可以通过两条途径作用于子代收入：其一，父代经济优势会对子代教育获得产生正向作用，而子代受教育水平的上升能够提高子代未来的教育回报率，并且父代经济优势进一步提高了子代的教育回报率；其二，父代经济优势对子代职业类型具有正向作用，同时高收入职业能够提高子代职业回报率，但是父亲收入对子代职业回报率具有负向作用。这两条作用途径呈现在图 1-11 中。为了便于说明政策对代际收入弹性的作用机制，我们将第一条途径分为子代教育获得与教育回报两个阶段，第二条途径分为子代职业获得与职业回报两个阶段。这四个阶段能够在一定程度上说明代际收入弹性的形成过程，任何一个阶段的正向效应被加强都会使得代际收入弹性上升。就整体而言，在上文我们了解了政策对子代教育获得与教育回报率的影响，以及政策对子代职业类型的影响。发现政策对子代教育获得阶段与教育回报阶段具有强化效应，同时政策对子代职业获得阶段也具有强化效应。换言之，通过我们的分析发现，扩招政策影响了子代教育获得与教育回报阶段，以及子代职业获得阶段，从而提高了代际收入弹性，减弱了整体代际收入弹性。

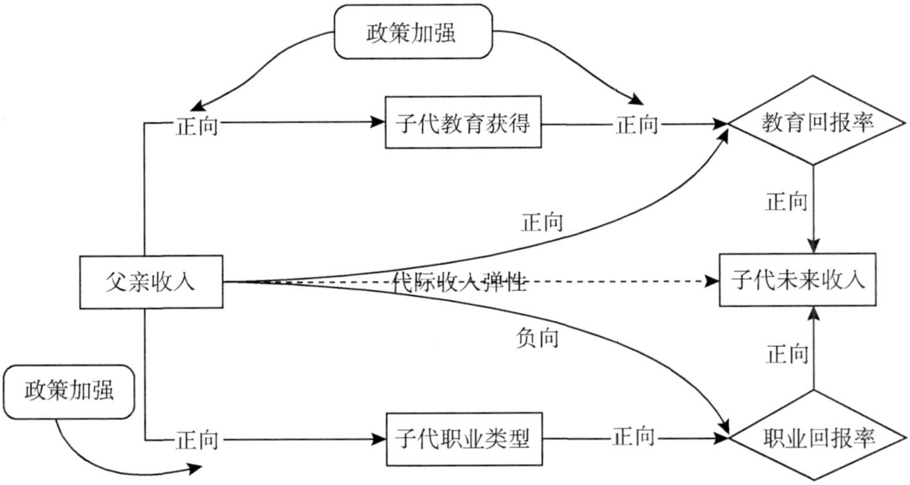

图 1-11　扩招政策对代际收入弹性作用机制图

(六)稳健性检验

为了检验上述结论的稳健性，有必要检验双重差分法中关键的共同趋势假设。首先，我们选取 CHNS1989—2015 年份数据，对每个调查年份数据对如下模型(同前文模型(2))进行回归，得到系数 β_1 的估计值，也即各调查年份代际收入弹性的估计值。

$$C_{inc} = \beta_0 + \beta_1 F_{inc} + \beta_2 F_{age} + \beta_3 F_{age}^2 + \beta_4 C_{age} + \beta_5 C_{age}^2 + \varepsilon$$

然后绘制出图 1-12，其中横坐标表示各调查年份，纵坐标表示各调查年份下 β_1 即代际收入弹性的取值。从图中可以看出在扩招政策实施前，对照组和实验组代际收入弹性基本一致，在 2000 年实验组代际收入弹性发生较为明显的上升，考虑到政策的滞后效应，可以认为平行趋势假设成立，说明本章实证结果具有一定的可靠性。

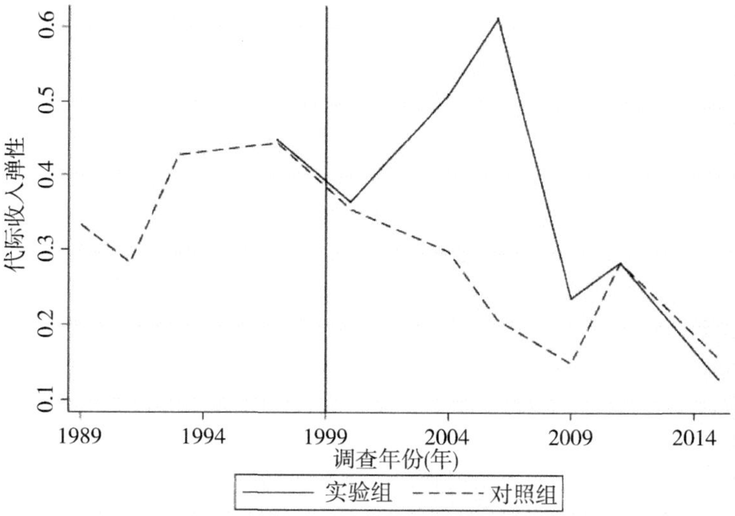

图 1-12 双重差分法平行趋势检验①

第五节 主要结论与启示

本章采用中国健康与营养调查（CHNS）数据和双重差分法（DID），考察了中国高等教育扩张政策对代际流动性的影响。实证分析结果表明，高等教育扩张政策整体而言减弱了代际流动性，并且政策主要是通过影响子代教育获得和教育回报阶段，以及子代职业获得阶段来达到这种效应的。

① 由于对照组的年龄限制，导致子代收入数据缺失，故无法估计对照组 1997 年之前的代际收入弹性值。

具体而言，高等教育扩招政策可以加大父代经济优势对子代教育获得和职业获得的积极影响，从而提高了代际收入弹性，减弱了代际流动性。通过进一步对不同收入群体、城乡居民和不同地区的分析发现：对不同收入阶层家庭而言，其他组别代际收入弹性均上升，而高收入组别代际收入弹性下降，这可能是因为高等教育扩张创造了新的教育机会在不同收入阶层分配不均所致。对城乡居民而言，政策主要是通过使农村代际收入弹性上升，进而使整体代际流动性减弱。东部代际收入弹性受政策影响程度最大，代际收入弹性上升幅度远高于其他地区，这可能是我国特殊的户籍制度所造成的。

通过以上分析，本章认为政府应当兼顾教育资源分配的效率与公平。一方面，政府应当加大高等教育的投入力度。尽管目前高等教育扩张政策招致众多批评，如导致了不同阶层教育机会和教育质量不平等加剧等(李春玲，2010)，但是结合本章分析和社会现实可以发现，以受教育年限为代表的人力资本因素在个人收入中所起的积极作用仍然是不容忽略的。并且在对城乡家庭子代的分析中发现，扩招政策能够加强父亲经济优势对子代教育获得的正向作用，给予农村子代更多的教育机会，提高其在劳动力市场上的教育回报率。因此扩大教育投入，创造更多新的教育机会，仍然是改善部分低收入或农村家庭子代经济地位的良方。然而政府也应当注意兼顾教育资源的公平分配。从个人能力水平与教育成本而言，高收入家庭子代更易获取教育资源，如果教育资源无法公平分配，那么就会导致代际流动性进一步减弱，加剧社会不平等。因此政府应当加大对经济弱势地区高等教育的投入力度，促进教育机会平等，降低由于家庭经济因素导致的教育不平等，以此改善代际流动性。另外，政府还应当完善助学贷款等配套措施，降低低收入家庭的经济负担，减少因家庭经济因素导致的教育机会不平等。

由于数据所限，本章在考察教育回报阶段仅仅考虑个人特征层面的影响，没有考虑到市场结构等市场因素，可能会对结论产生一定的影响。更重要的是，在数据限制下，我们只能利用受教育年限代表人力资本积累，而不能对教育质量进行考察。但是随着高等教育普及和国家补助政策等的实施，可以预见居民受教育年限将普遍得到提高，高收入阶层在子代人力资本积累中的优势可能向较为隐蔽的教育质量转移，因此不同收入阶层的教育不均将在很长一段时间内存在并影响着居民的代际流动性。

第二章
独生子女政策、教育获得与代际收入传递

教育不仅对于个人能够产生重大影响，更是事关国家未来发展的重要问题，所谓“国将兴，必贵师而重傅”。对个人而言，教育是影响塑造一个人的道德价值观念最为重要的方面，从而影响一个人的一生；对国家而言，我国正处于经济结构转型、全面建成小康社会的关键时期，精准扶贫的关键正是“确保贫困人口的子女都能接受良好的教育，切断贫困代际传递”，并且未来的发展建设任务会更加艰巨，因此提升民众的教育水平和素质能力是重中之重。习近平总书记上台以来，始终秉持着“教育不仅决定人类的今天，更将决定人类的未来”这一理念，始终把教育放在优先发展的重要位置，对推进教育现代化、建设教育强国做出了重要的战略部署和顶层设计，使得我国教育事业发展取得了长足进步，但也还存在进一步调整提高的空间。目前我国接受教育人数逾 2.5 亿，教师从业人数也超过了 1500 万，其中学前教育毛入学率超过 3/4，九年义务教育超过 90%，而高等教育只有 40%左右。因此，不管是对于个人还是对于国家而言，研究能够影响接受教育的因素是具有重大意义的。

已有诸多文献证实了收入在代际之间存在着显著的正相关性(Gary Solon，1992；David J. Zimmerman，1992；Gary Solon，1999)。在我国，这种相关关系更加明显，我国代际收入弹性甚至超过了 0.6(何石军、黄桂田，2013)。代际流动性偏低所导致的社会阶层固化势必导致我国的脱贫攻坚任务更加艰巨，甚至影响整个社会的健康发展。导致代际收入传递的因素有很多，比如性格特征、价值观念、态度和习俗等因素的传递，我们认为教育是代际收入传递中不可忽视的一条重要路径，收入越高的父代更

倾向于令其子代接受更高层次的教育从而取得更高的收入。何晓琦和邓晓岚(2006)、陈琳和袁志刚(2012)从不同角度都确认了教育在促进代际收入流动中的重要作用。郭丛斌、闵维方(2007)教育是提高代际收入流动性的重要机制，而且随着社会经济的持续发展，受教育机会的增多，这种功能会更加明显，从而收入分配会更加公平。因此介入低收入人群子女受教育过程是改善代际收入传递现象、打破社会阶层固化壁垒的重要手段，利用教育提升其子代的人力资本水平、改变其好逸恶劳、习惯性依赖国家的思想观念，使其有向上流动的目标和能力，从而使整个社会充满活力，这样既有利于优化收入分配结构、缩小收入分配差距，又能够提升经济发展的动力。

独生子女政策的实施显著改变了子女的教育获得，并通过该途径改变了代际收入传递的程度。独生子女政策的出台是适应当时社会历史条件的。20 世纪八九十年代，国家劳动力过剩且生产能力有限，粮食住房等资源严重不足，无法养育日益增长的人口。1979 年独生子女政策的实施有效地降低了人口增长速度(Hesketh et al，2005)，这很好地解决了资源不足的问题，而且它在客观上也对子代教育产生了巨大影响，并且这种影响可能在性别层面上存在差异(陆万军等，2019)。独生子女政策使得目标家庭仅能养育一个孩子，传统的教育资源向男生倾斜的现象被极大地改变了，女性受教育水平应当有明显的提升。因此，本章的目的在于系统性地梳理独生子女政策对于当时子代接受教育的影响方向，探索独生子女政策影响教育的作用路径，期望能够获得影响教育的新因素，同时研究我国代际收入流动方面的变化，突出教育在其中的重要性，为当今社会教育事业的推进提供合理有效的政策建议。

第一节　独生子女政策与教育以及代际收入传递文献回顾

教育能够对个人产生重大影响，根据 Becker 和 Tomes(1978)的代际传递模型，教育是父代传递自身社会经济地位的最主要路径，因此教育是打破阶层固化影响代际流动性以及社会公平的重要因素。但是接受教育的决策往往并非由个人自己所决定的，而是由其父母代为做出。因此个人受教育水平的高低与父母自身的效用相关，而不是与个人自身效用相关。因此，从家庭角度出发，考察个人受教育水平影响因素是积极有益的。所以独生子女政策的实施虽然无法改变个人从教育中得到的效用，但是改变了父母在子代接受教育的决策中得到的效用，因而导致其对子女的教育决策发生了改变，这会显著影响到子女教育水平的获得，并对代际收入传递产生影响。

一、教育投资影响因素

教育对一个人的影响是全面而深刻的。从其行为举止、职业收入等外在的物质条件到其思想价值观念、社会认可程度等内在的精神境界，教育都发挥了无可替代的重要作用。Becker 和 Tomes(1979)认为当子代从父辈获得到更多的人力资本和非人力资本投资时，他们的收入将会增加。Blau 和 Duncan(1967)认为随着现代工业化进程的推进，现代社会中人们的社会地位受其教育水平等后致性因素的影响程度越来越大。因此随着教育的作用越来越大，我们分析教育投资的影响因素就显得更有意义。根据上述分析，教育投资决定是父母根据整个家庭效用所做出的理性的决策，因而家庭因素将是影响子女教育投资的主要因素。

家庭收入或者说父代收入是影响人力资本的代际转移能力的重要因素，而人力资本投资是代际收入传递的主要路径，教育是人力资本投资中的重要方面。Mulligan(1997；1999)和 Grawe & Mulligan(2002)认为子代的人力资本投资量受到父代收入水平的影响，并随着父代收入的提高而增加，假设教育具有正向收益率，此时与代际收入直接相关。

人力资本投资存在着性别差异。已有文献对人力资本投资性别差异原因进行了分析，张抗私(2002)认为除传统文化的影响外，在学习教育、职业培训等成本相同的条件下，人力资本的回报率存在着显著的性别差异，男性人力资本的收益大于女性，所以在人力资本投资中，女性最有可能受到歧视。潘锦棠(2003)提出正是由于在当前人力环境中女性不如男性更有投资价值，所以男性所享受到的人力资本投资更多。也有学者在实证方面通过研究男孩和女孩受教育情况，进一步证明人力资本投资存在性别差异，蒋中一和戴洪生(2005)通过2003年农业部农研中心观察点系统农户常规调查数据，发现初中阶段男生辍学率为8.96%，明显低于女生11.63%的辍学率。黄颖和任军利(2010)研究了新形势下我国农村女孩的教育问题，发现虽然现我国女孩和男孩的入学机会基本平等，但农村女孩的中小学辍学率明显高于男孩。周钦和袁燕(2013)发现与男童相比，女童可能面临着更大的教育风险，如“教育关心程度低、入学年龄大、辍学可能性高”。

教育投资还存在着显著的户籍差异。拥有城市户籍意味着可以以更低的成本享受更为优质的教育资源，因此城市户籍的存在对于家庭教育投资拥有挤出效应(蔡宏波、李昕宇，2019)。

此外，汪伟、刘玉飞和王文鹏(2018)研究了寿命的增长对于人力资本投资包括教育投资的影响，发现这会显著促进教育投资。就业技能要求也会对人力资本投资产生影响，如果就业技能要求高则会促进家庭教育投资，反之则减少家庭教育投资(张军、张慧慧、徐力恒，2018)。融资约束的存在也会导致教育投资不足，从而无法获得最大效用(张苏、朱媛，2018)。

二、公共政策与代际收入流动

为了降低家庭背景对下一代教育水平从而延伸至社会地位的影响，政府通过公共政策来促进社会公平正义，即政府通过实施各种各样的公共政策，希望降低待代际收入弹性，从而提高社会流动性，保障社会公平。

Alonso Carrera 和 Caballé et al.(2012)考察了财政政策(如社会保障、遗产税、资本税、所得税等)对收入分配、家庭人力资本投资、以及代际传递的影响。政府可以实施收入再分配政策如税收或补贴，从而大大减少低收入家庭所面临的信贷约束，并且提高人力资本投资的预期回报率，最终提高家庭对子代人力资本投资的积极性。这对缓解代际收入传递现象、促进代际收入流动具有重要影响。Mayer 和 Lopoo(2007)利用 PSID 和美国各州公共支出的相关数据研究了政府公共支出与代际收入流动之间的关系，结果表明在公共支出比较高的州存在较大的代际流动性。

但在相关文献之中，关于研究政府公共教育支出政策来促进代际收入流动的内容最为丰富。Rogerson(1998)研究发现通过改变公共教育的融资方法，即从地方融资转变为全国统一融资，可以降低全国各地人均教育投资的不平等性，从而显著提高代际收入流动性。Solon(2004)认为，公共教育投资的累进性越强，代际收入的流动性越强。Solon(2002)通过理论模型论证了私人人力资本投资和公共投资的相互作用对代际收入弹性产生影响，教育作为人力资本投资的重要手段在收入代际传递中起着重要的作用。周波和苏佳(2012)研究发现对于中国县级政府而言，其教育事业费支出越多越有利于代际流动性的提高，而科教文卫支出效果则不明显。

三、独生子女政策与教育投资

独生子女政策是一项深刻影响家庭结构的政策，但是目前研究独生子女政策对教育投资的文献相对较少，大致可以分为从绝对量和性别差异两方面来影响家庭人力资本投资。一方面，若家庭收入和消费水平不变，由于独生子女政策使得孩子数量减小，独生子女的人力资本投资绝对量呈现增长趋势；另一方面，独生子女家庭对女孩的教育投资动机在提高。经济发展和独生子女政策提高了独生子女的受教育机会，女孩受教育程度不断提高(许艳丽，2007)。易翠芝(2007)认为由于城市严格的独生子女政策的实施，我国 1998 年后女性在高等教育领域的人力资本投资的增加，但农村还存在严重的性别差异。

第二节　独生子女政策影响子代教育的理论分析

中国自古就有“养儿防老”的思想。父母通过养育子女来对自己年迈之后的生活形成保障。在此过程中，可以将父母养育子女看作一种投资，以换取自己无力赚取收入之后的经济来源。父母对子女的投资主要表现为两类决策：其一为选择养育子女的数量，这一决策主要涉及子女的生活成本；其二为选择所养育子女的质量，这一决策则主要涉及子女的人力资本投资成本，主要是对子女教育的投资。父母通过上述两类决策的做出来实现自己的效用最大化，或者说是家庭效用的最大化。

Becker 认为子代的数量和质量对于父母效用而言，存在一种替代效应，具体表现为子女数量的下降会带来子代人力资本的提升和健康状况的改善(Becker and Lewis，1973)。父母既可以选择多生育子女而少投资子女教育，也可以选择少生育子女而多投资子女教育以达到相同的效用水平。也就是说，在父母效用一定的条件下，子女数量和质量是负相关的。我们连续化子女数量与子女质量，以图形的形式表现这种负相关关系，如图2-1所示。等效用曲线 U 表示在同一效用水平下，子女数量与质量之间是负相关的，子女数量越多其质量就越差，且在子女数量较少时，增加一个子女所带来的效用要超过子女数量较多时增加一个子女所带来的效用。距离原点越远的 U 所代表的效用水平就越高，即 U3>U2>U1，但是无论是多生育一个子女还是对子女增加教育投资都依赖于父母的经济实力，所以斜直线

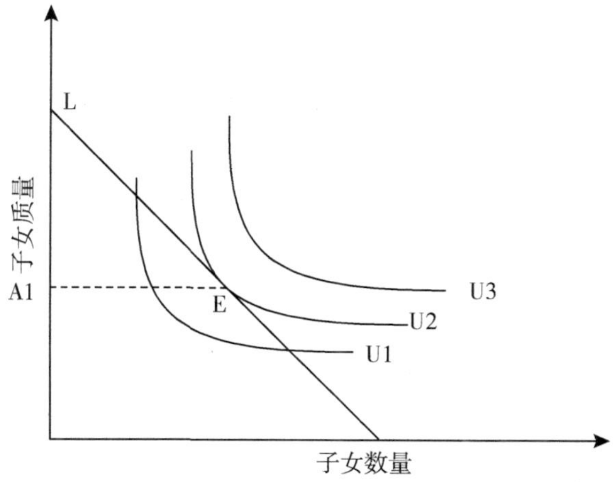

图 2-1　子女数量与质量的替代关系

L 就表示父母经济实力约束线，父母只能在 L 的左侧来对子女质量和数量进行选择，即父母决策的可行域，L 右侧的选择限于父母经济实力而无法实现。在无任何限制条件下，父母结合自身经济实力会选择与斜直线 L 的切点 E 点所代表的子女数量和子女质量，实现自己的最大效用 U2，U3 所代表的效用虽然更高但无法实现，而 U1 虽然可以实现，但是其效用水平却低于 U2。

1979 年，政府开始实行独生子女的政策。这严格限制了父母的第一类决策的选择，父母只能选择养育一个子女或者不养育子女。而在我国社会背景之下，“不孝有三，无后为大”的思想根深蒂固，选择不养育子女会受到来自家庭甚至是社会的巨大压力，因此独生子女政策实际上只给了父母一个选择——只养育一个子女。

那么在独生子女政策的环境背景之下，父母的第二类决策就显得至关重要：在多大程度上对于唯一的子女进行教育投资。从理论上讲，该问题取决于图 2-1 中 E 点的位置。如果 E 点所对应的子女数量小于等于 1，则独生子女政策的出台对父母子女数量质量决策无影响，如图 2-2(a) 所示。在图 2-2(a) 中我们可以看到，独生子女政策影响下的斜直线 L 变成了斜折线 L1，但是 L1 的切点仍然为 E，所以父母对子女数量质量的决策不会发生任何改变，子女的受教育水平仍然为 A1。然而如果 E 点所对应的子女数量超过 1，那么独生子女政策的出台实际上降低了父母效用，却增加了对唯一子女的教育投资，如图 2-2(b) 所示。在图 2-2(b) 中，我们可以看到独生子女政策影响 L 变为 L2，此时的 E 点已经不复存在，新的切点 E2 与等效用曲线 U1 相切，此时，对于父母而言，其效用水平是降低的，由 U2 降为 U1，但是对于子女而言，其教育投资是会提升的，从 A1 上升为 A2。

那么实际情况是否如理论所言呢？已有学者对该问题进行了一定的探讨，但都存在一些不足之处。许艳丽(2007)从社会性别视角研究独生子女家庭人力资本投资行为，发现独生子女家庭中女孩人力资本投资得到了积极的改善。但该研究仅从理论出发，进行主观性的分析。易翠枝(2007)使用宏观加总数据对独生子女政策的教育性别差异效应进行分析。但是，基于宏观加总数据的分析不能排除有误差，要得出更加精确的结论，需要用大样本微观调查数据进行城乡对比分析。肖富群(2011)仅仅对独生子女和非独生子女性别间的受教育情况进行比较从而得出各类子女的教育性别平等状况。但是，仅仅通过独生子女与非独生子女的单一横向对比会忽略不同组间样本可能存在差异，因而导致对独生子女政策实施效果的估计有偏误、评价不准确。

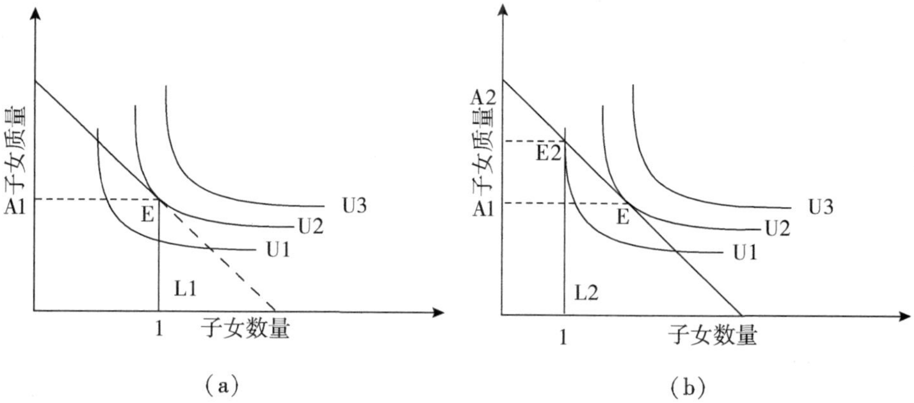

图 2-2　独生子女政策实施后子女数量与质量的替代关系

第三节　独生子女政策的识别策略和计量模型

一、独生子女政策的识别策略

在已有的对公共政策效应的分析研究中，最常用的方法是断代分析法和双重差分法。断代分析法是指计算不同代人的代际收入传递变化，同时根据不同年代的人经历了不同的公共政策，对代际收入传递的变化做出比较宽泛的解释。Maehin and Vignoles(2004)使用英国 1958 年出生和 1970 年出生人口的数据，分析了英国 20 世纪 60 年代开始的高等教育扩张对代际收入传递的影响。Mayer and Lopoo(2005)运用实证分析了美国 PSID 数据中不同代人的代际收入弹性的变化趋势。由于公共政策的影响和其他很多影响代际收入传递的宏观经济社会因素混合在一起，因此简单的断代分析往往比较粗糙。

双重差分模型常被用于计量经济学中对于公共政策实施效果的评估。双重差分模型通过比较实验组和参照组的有无差异、实验组政策实施前后的差异，在一定程度上控制了某些除干预因素外其他因素的影响。从 1950 年到 1970 年，瑞典将义务教育的年限从 7 年改变为 9 年，并且废除了义务教育第五年的择校分流政策，因而全部的学生都可以在统一的九年义务教育制度下进行学习。这一政策从 1949—1962 年间在部分地区进行了试点，并在 1969 年推广到全国。Meghir(2005)研究发现，实验组和参照组的教育年限、教育程度和年收入存在着明显的差异性。Holmlund(2007)研究发现，制度的改变导致 IGE 下降了 12%。Schuetz et al(2005)根据各国择校分流政策的区别，运用国际数据做了不同国家之间的双重差分分析。因此本章选择采用双重差分模型进行实证研究。

二、独生子女政策的计量模型设定

(一)模型假设

使用双重差分模型前，要确保数据满足以下三个假设：

(1)政策实施只改变实验组的相关研究变量，对参照组的相关研究变量不产生任何影响；

(2)政策实施期间，宏观环境对实验组和参照组产生相同的影响；

(3)实验组和参照组的某些重要特征分布稳定，不随时间变化，即在整个项目开展期间保持稳定。

(二)模型设定

根据独生子女政策实施时间和内容，本章对政策变量进行了选取和规定。独生子女政策规定：国家干部和职工、城镇居民，除特殊情况经过批准者外，一对夫妇只生育一个孩子，农村普遍提倡一对夫妇只生育一个孩子，某些群众确有实际困难要求生育二胎的，经过审批可以有计划地安排，但不能生第三胎；对于少数民族，也要提倡独生子女，在要求上可以适当放宽，具体规定经上一级人大常委会或人民政府批准后执行。我国自1979年对汉族实施独生子女政策，对少数民族并未强制规定，仅限于提倡独生子女政策。因此，用“时间”和“民族”反映独生子女政策。

独生子女政策为本研究提供了一个在全国范围内的“自然实验”，运用双重差分模型，根据时间顺序来设置实验组和参照组，观察受到了独生子女政策影响的群体(汉族实验组)与未受到独生子女政策影响的群体(少数民族参照组)之间的差异。将汉族和少数民族代际收入传递之差作为一个差分，将独生子女政策实施前后的差异看作另一个差分，再将这两个差分作差，得到的双重差分就是政策干预的效果——独生子女政策对我国代际收入传递的影响。

“民族”变量用 H 表示，$H=0$ 和 $H=1$ 分别表示子代为汉族(实验组)和少数民族(参照组)。在严格的独生子女政策实施过程中，只有汉族(实验组)受到影响，因此政策对于汉族子代的影响为 $E(Y|H=1)$，而政策对于少数民族子代的影响为 $E(Y|H=0)$，那么汉族和少数民族代际收入传递之差的差分来源可以表示为：

$$E(Y|H=1)-E(Y|H=0) \tag{2.1}$$

“时间”变量用 T 表示，在独生子女政策影响前为 $E(Y|T=0)$，而政策影响后为 $E(Y|T=1)$，独生子女政策实施前和实施后差异的差分来源如式(2.2)：

$$E(Y|T=1)-E(Y|T=0) \tag{2.2}$$

式(2.3)可以算出独生子女政策的干预效果，这个结果不但表示政策的效果，也表示实验组和参照组的政策差异。

$$[E(Y|H=1)-E(Y|H=0)]-[E(Y|T=1)-E(Y|T=0)] \tag{2.3}$$

同时，还要将控制变量引入到双重差分模型中，以更准确地得到估计结果。我们引入了地区、家庭和个人因素三个层次的控制变量。其中地区虚拟变量包含东部、中部和西部；家庭变量为父代受教育程度和父代收入；个人因素分为子代出生年代、性别和户籍性质。对于性别虚拟变量来说，若为男性则取值为一；若为女性则取值为0；对于户籍变量来说，若为城市则取值为1，若为农村则取值为0。子代出生年代将子代出生年份从1970—1990年，按照5年的间隔分组，分别对应取值1、2、3、4。因为经济发达的地区人均收入水平较高，所以地区虚拟变量考虑了各地区间的经济差距。家庭因素表现在中观层次上，父母的收入和教育程度越高，对子代的教育投入就越多，从而对子代收入产生影响。家庭成员之间的教育资源的分配可能会受到性别的影响，若在农村有着重男轻女的思想，则父代可能会把更多的资源投入到男孩身上，那么女孩受教育的机会就会减少。户籍因素则是宏观上的影响因素，即城乡的资源分配存在差异。

基于上文的基本思路，本章研究的基本模型可以设定为：

$$N_{it} = \beta_0 + \beta_1 H_{it} + \beta_2 T_{it} + \beta_3 (H_{it} * T_{it}) + \sum \beta_j * X_{it} + u_i + u_t + \varepsilon_{it} \tag{2.4}$$

在式(2.4)中，下标 i 和 t 分别表示第 i 个人的第 t 年；N_{it} 表示子代受教育年数，y_{it}^{p} 表示父代收入；H_{it} 为民族虚拟变量，汉族为1，少数民族为0；变量 T_{it} 在独生子女政策实施前赋值为0，实施后赋值为1；u_i 为不可观测的个体效应，u_t 为不可观测的时间效应，ε_{it} 为随机扰动项。β_3 为双重差分估计量的估计系数，度量独生子女政策对于子代教育的净影响。为了控制其他因素对于子代教育的影响，本章加入了控制变量集 X_{it}，它包括地区(distinct)、年代(decade)、性别(gender)。

第四节 独生子女政策效应的经验分析

一、数据来源及变量定义

本章数据来源于北卡罗来纳大学和中国疾病控制中心联合进行的中国健康和营养调查(China health and nutrition survey, CHNS)。CHNS调查横跨东、中、西部地区，包括辽宁、黑龙江、江苏、山东、上海、北京、河南、湖北、湖南、重庆、广西、贵州 12 个省市。CHNS 项目分别于 1989 年、1991 年、1993 年、1997 年、2000 年、2004 年、2006 年、2009 年、2011 年在中国进行了 9 轮调查，每轮调查涉及约 4400 个家庭、19000 个调查对象。该调查数据具有大样本、面板数据等优点，是近年来研究中国代际流动的重要微观数据来源。调查共有问卷 6 份，涉及调查家庭户主和其他个人的详细信息，包括父母与子女的关系以及出生年月收入、性别、户籍、民族、受教育程度等信息。问卷信息能够满足本章对父母与子女信息准确配对、分析独生子女政策对代际收入传递性别差异的数据要求。

本章选取了父代与子女的收入、教育、性别、户籍、民族、出生年份和地域变量。收入变量使用 CHNS 调查汇总收入，包括工资收入、退休金、集体和家庭农业收入、家畜和家禽养殖收入、渔业收入、家庭菜园和果园收入、家庭小手工业和小型家庭商业收入。该汇总收入根据居民消费物价指数(CPI)进行了统一调整。问卷中有两种衡量教育程度的方式，分别为受教育年数和最高教育程度，本章选取最高教育程度作为子代的受教育程度。为了分析政策影响机制，考察独生子女政策对于教育回报率的影响，本章使用出生年月和受教育年数计算出工作年数变量。

二、样本统计描述

本章保留 1989—2011 年共 9 轮调查数据，剔除父代和子女的缺失样本，并且保留在独生子女政策实施前后十年之内(1970—1990)的样本，最终得到父代与子代的 8827 对配对样本。各主要变量的统计特征描述如表2-1所示。

表 2-1　　　　**主要变量及统计特征**

变量	样本量	均值	标准差	最小值	最大值
父代收入对数	8827	8. 49	1. 25	0. 44	12. 89
子代收入对数	8827	8. 33	1. 45	0. 29	12. 86
性别	8827	0. 53	0. 50	0	1

续表

变量	样本量	均值	标准差	最小值	最大值
户籍	8827	0.19	0.40	0	1
民族	8755	0.85	0.36	0	1
子代年龄	8827	24.05	5.89	16	41
父代年龄	8817	53.56	7.84	35	84
地域	8827	2.01	0.80	1	3
子代出生年代	8827	1.81	0.95	1	4
子代最高学历	8765	2.18	1.23	0	6

从上表中我们可以得到以下信息：①就收入而言，父代平均收入要高于子代平均收入(8.49>8.33)，考虑到工作经验等因素，这是符合现实的；②性别变量是一个虚拟变量，具体而言如果是男性则为1，女性为0，结果表明男性比例(0.53)略高于女性；③户籍变量同样为虚拟变量，取值为1表示城镇户口，0代表农村户口，我们可以看到城镇户口只有不足1/5(0.19)；④民族变量也是虚拟变量，取值为1表示汉族，0代表其他民族，汉族人口占我们样本的85%(0.85)；⑤就年龄而言，子代平均24岁(24.05)，父代平均53岁(53.56)。父子年龄差距略大，但处在可以接受的范围之内；⑥地域变量是划分我国东中西三部分的虚拟变量，其取值1、2、3分别代表我国西部地区、中部地区和东部地区；⑦子代出生年代代表子代出生所处的时期，其划分是为了控制一个时期的固定效应，具体而言，我们将五年作为一个时代，将1970—1990划分为四个时期：1970—974、1975—1979、1980—1984、1985—1990，分别用1、2、3、4来表示；⑧子代最高学历变量共有0、1、2、3、4、5、6七个不同的取值，分别代表文盲、小学学历、初中学历、高中学历、中专学历、大学学历和硕士学历及以上，我们可以看到总的来说，样本内受教育水平不是很高，平均而言只有初中学历(2.18)。我们比较疑惑的是，为什么样本中城镇户口拥有者不足1/5，并且平均受教育水平仅有初中学历？为此我们对样本的出生年代进行了分析，结果如图2-3所示。

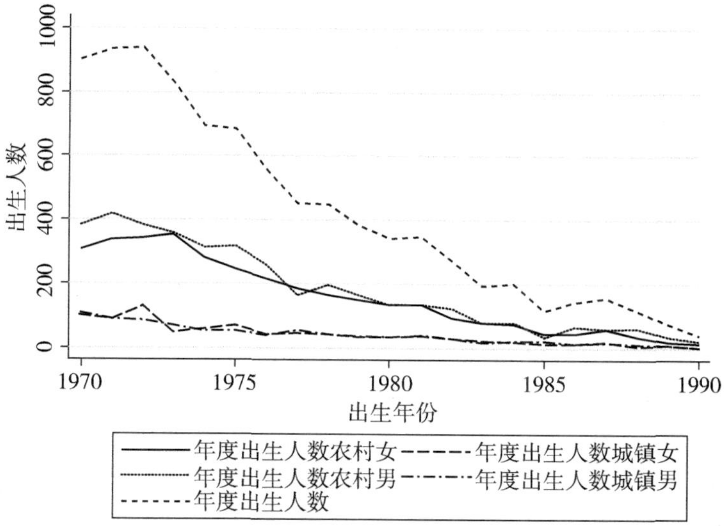

图 2-3　子代样本分布情况

从图 2-3 中我们发现，本研究中选用的样本子代多集中于 1970—1980 年，且呈现逐年递减的规律，这种情况主要针对农村，城镇样本在各个年代出生的数目保持相对稳定。在 1970—1980 年间，我国城镇化率尚且不足 20%，1978 年独生子女政策实施时我国城镇化率仅有 17. 9%，城镇户口拥有者十分稀少，考虑到这种社会背景，样本内个体城镇户口拥有者仅占 19%的事实应当是合理的。另一方面，在 1970—1980 年间出生的人普遍受教育水平都较低，这在相当程度上拉低了本章样本受教育平均值，使得平均而言仅有初中学历。这种独特的样本分布以及年代跨越较大所造成的均值代表性意义较差是值得我们注意的，因此本章为了保证结论的稳健性和可靠性，选择每五年划分一个时期，从而控制其时期固定效应，以最大限度地缓解本章样本选择上存在的分布不均衡等问题所导致的内生性问题。值得注意的是，对于农村样本而言，在独生子女政策实施之前，即 1979 年以前，女性出生人数是要低于男性出生人数的，然而独生子女政策实施后，这个差距被极大地缩小了。这表明了在独生子女政策实施之前农村对男性子代的偏好更大，体现在出生率上就是男性子代样本更多，而独生子女政策实施之后只能拥有一个子代，所以无论是男孩还是女孩都会被接受，因此子代出生人数在性别上差异不再显著。

从图 2-4 我们发现在本研究样本内父代与子代年龄差距近似服从正态分布，均值在 28 岁左右，但是右侧存在拖尾现象，父代与子代年龄差距最高能到达 58 岁，但该部分样本极其稀少，这也是符合现实的。这种类正态分布在一定程度上说明本章样本选择是具有随机性的，也就是说不存在较为严重的自我选择问题，本章结论稳健性是有保证的。值得注意的是，对于农村而言，其顶峰来的要更早一些，城镇就相对更晚一些，这是符合现实的，因为农村往往成年人结婚生子的年龄要更小，而城镇因为要接受教育年份更长等因素往往成婚生子就会更晚。我们认为性别对于父代与子代年龄差距没有影响，因为在决定生育的时候并不知道子代性别，所以在图中没有描绘性别差异。

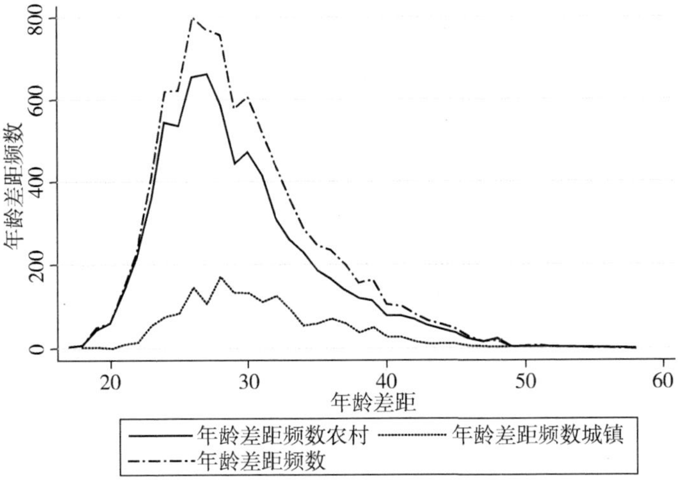

图 2-4 父代与子代年龄差距分布情况

本章主要分析独生子女政策对子女教育的影响，所以预先分析一下子代教育的分布情况对于我们的研究是有益的。如图 2-5(a) 和图 2-5(b) 所示，子代受教育水平存在较大差异，但大量样本集中在 5～10 年之间，学历为初中的人数要远远多于其他学历，且农村样本更为典型。根据我国教育制度设计，在小学(5 年或 6 年)、初中(9 年)、高中(12)结束的年份人数都有明显的上升，除此之外，整体是近似服从正态分布的。具体到性别差异，我们可以看到女性的受教育年数分布更加集中在两端，即无论是受教育层次较低的女性还是受教育层次最高的女性占比都略微超过男性，而男性更多地集中在均值附近，即受教育年数适中的区域，这种现象在(b)图中表现的更加明显。我们推测可能是由于家庭条件的不同，家境富裕的

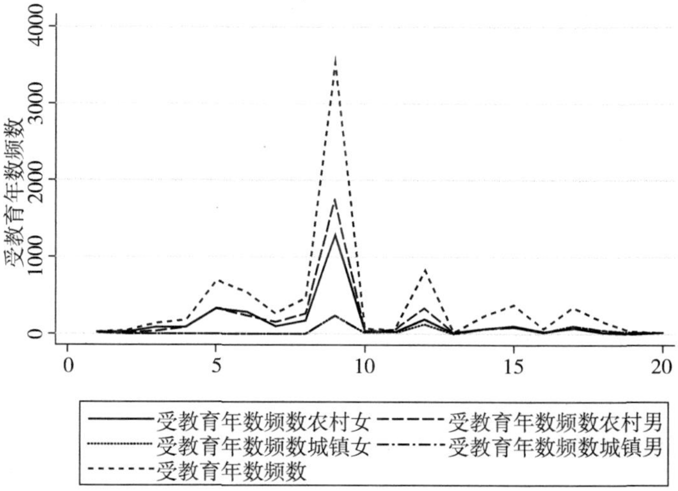

(a)

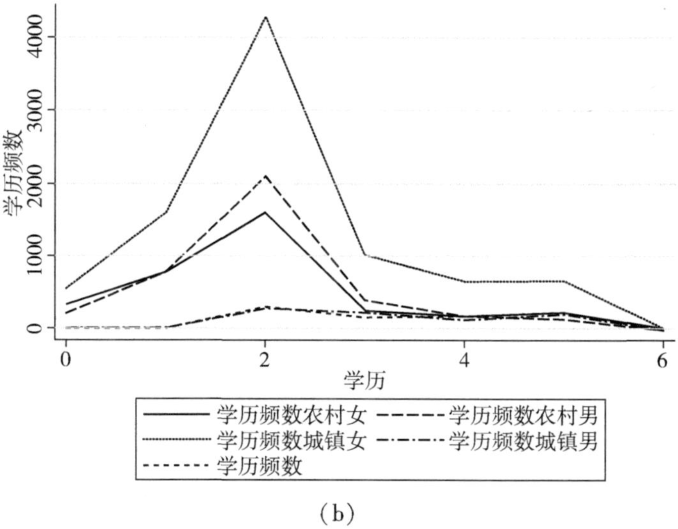

(b)

图 2-5　子代教育分布情况

家庭往往倾向于女性子代接受更多的教育，而家庭收入较低的家庭则更倾向于让女性子代辍学，操持家务，而家庭条件对男性子代的受教育水平影响不是很大。另外，城镇样本教育水平要明显高于农村，无论是男性还是女性子代。

此外，我们比较关心在独生子女政策实施之前和之后，子代样本之间的受教育状况是否存在差异。因此我们针对独生子女政策实施之前和之后出生的样本分别进行回归，回归结果如图 2-6 所示。图 2-6(a) 和图 2-6(b) 是针对全样本独生子女政策前后出生的样本比较的情况，从中我们可以看到独生子女政策实施在一定程度上减少了低学历子代的数量而增加了高学历子代的数量。图 2-6(c) 和图 2-6(d) 则这对农村女性，我们发现促进效果非常强。图 2-6(e) 和图 2-6(f) 则针对城镇女性，我们发现独生子女政策的实施不光能够促进农村女性学历的提高，对城镇女性仍然有一定作用。图 2-6(g) 和图 2-6(h) 则针对农村男性，我们发现对农村男性的促进作用虽然也存在，但是不如对农村女性的效果明显。图 2-6(i) 和图 2-6(j) 则针对城镇男性，其促进效果就恨不明显。当然这种效果并非完全是由于独生子女政策所带来的，可能是由于时间因素的影响，因此本章后续还会进行细致的控制了时间固定效应的回归分析。

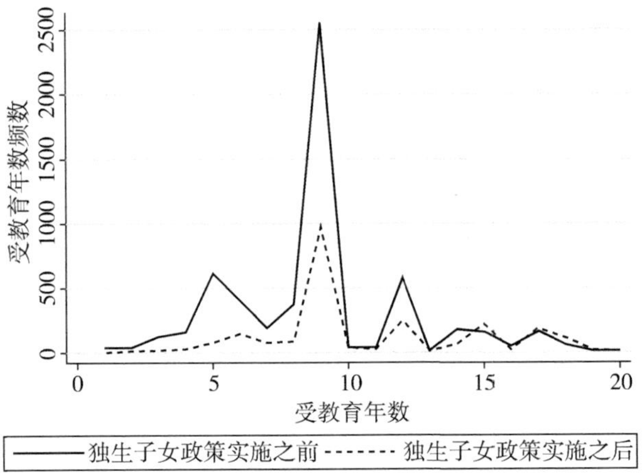

(a)

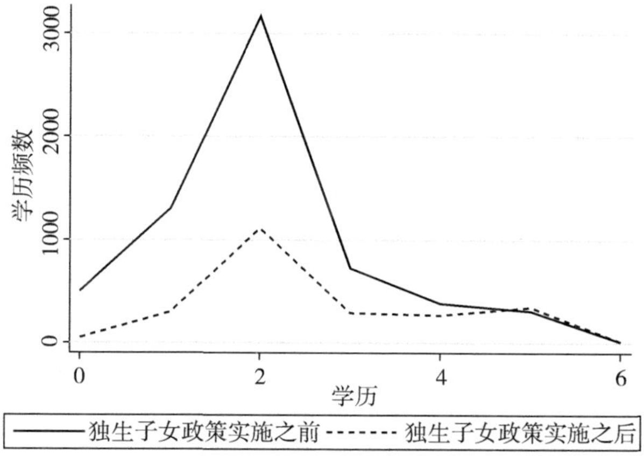

学历频数
3000
2000
1000
0
0
2
4
6
学历
独生子女政策实施之前
独生子女政策实施之后

(b)

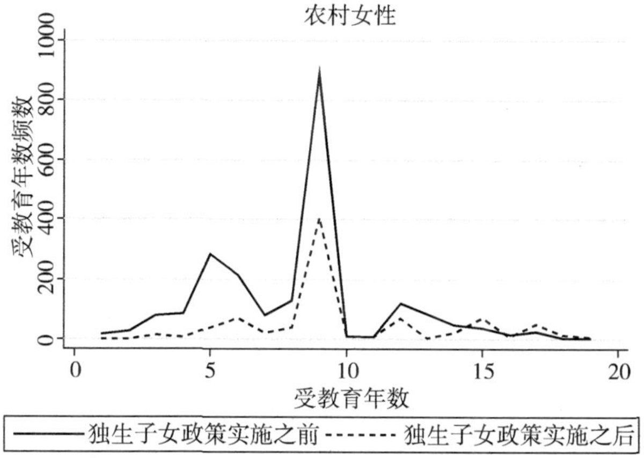

农村女性
受教育年数频数
1000
800
600
400
200
0
0
5
10
15
20
受教育年数
独生子女政策实施之前
独生子女政策实施之后

(c)

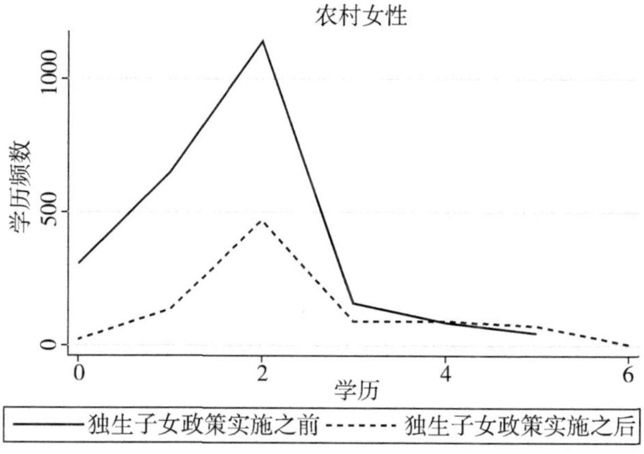

农村女性
学历频数
1000
500
0
0
2
4
6
学历
独生子女政策实施之前
独生子女政策实施之后

(d)

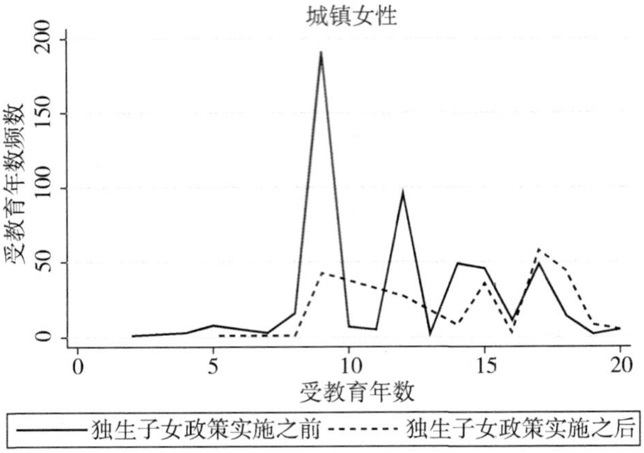
城镇女性
受教育年数频数
0
50
100
150
200
0
5
10
15
20
受教育年数
独生子女政策实施之前
独生子女政策实施之后

(e)

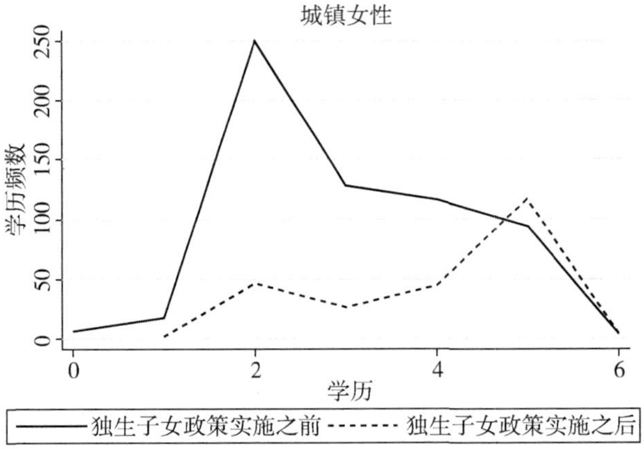
城镇女性
学历频数
0
50
100
150
200
250
0
2
4
6
学历
独生子女政策实施之前
独生子女政策实施之后

(f)

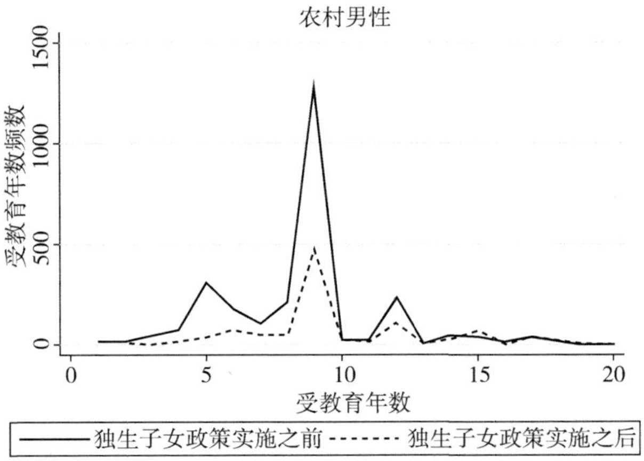
农村男性
受教育年数频数
0
500
1000
1500
0
5
10
15
20
受教育年数
独生子女政策实施之前
独生子女政策实施之后

(g)

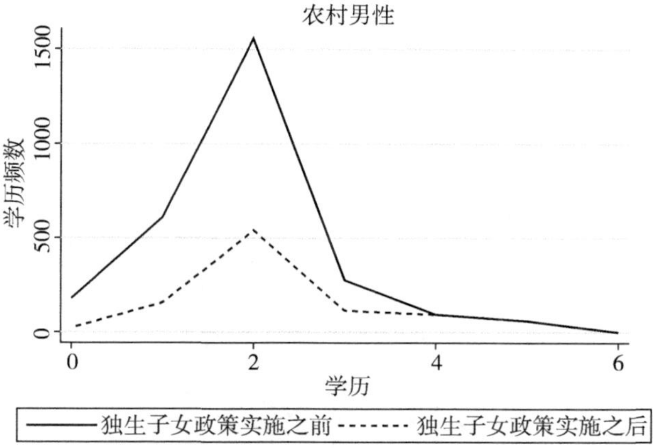

（h）

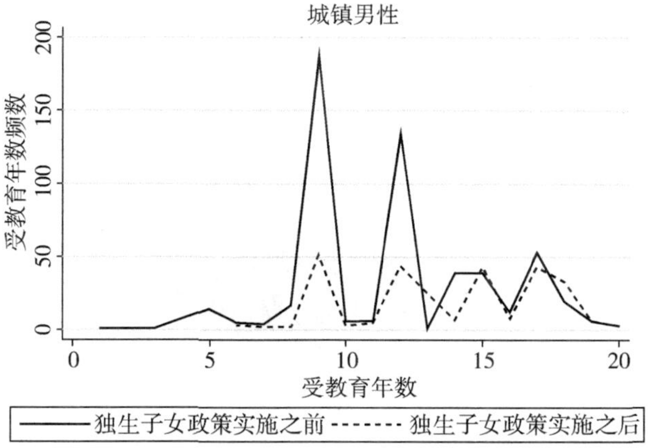

（i）

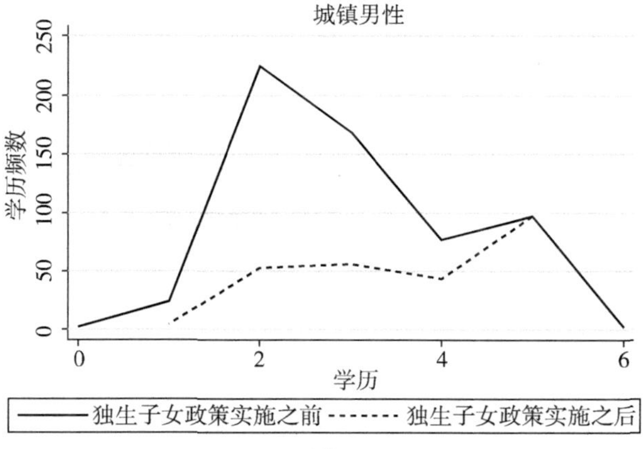

（j）

图 2-6　分样本子代教育分布情况

接下来我们还分析了父代收入和子代收入的关系图像，以此来研究收入代际相关性。如图2-7所示，总体而言，父代收入越高的样本其子代收

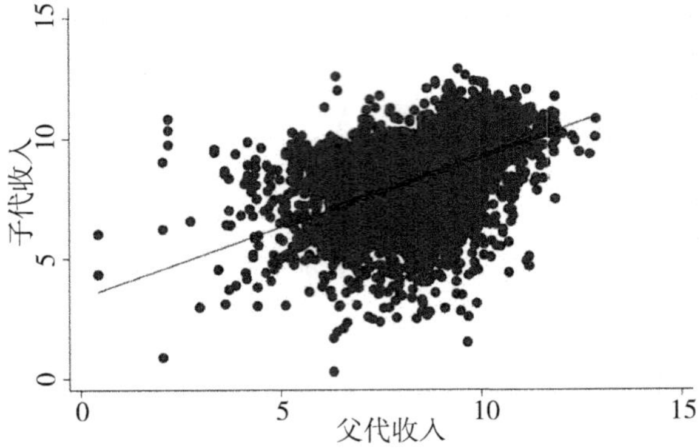

(a)

独生子女政策实施之前

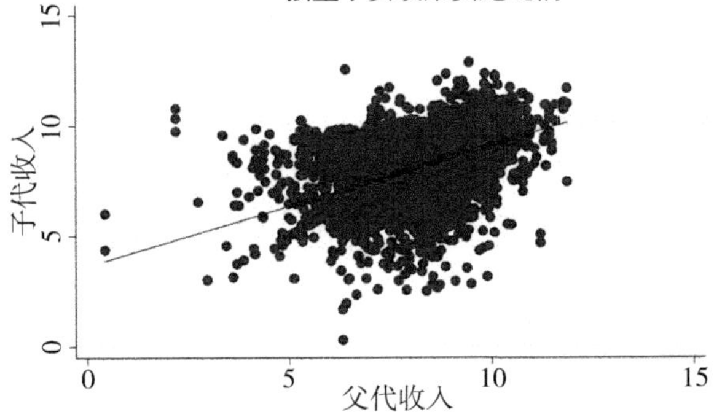

(b)

独生子女政策实施之后

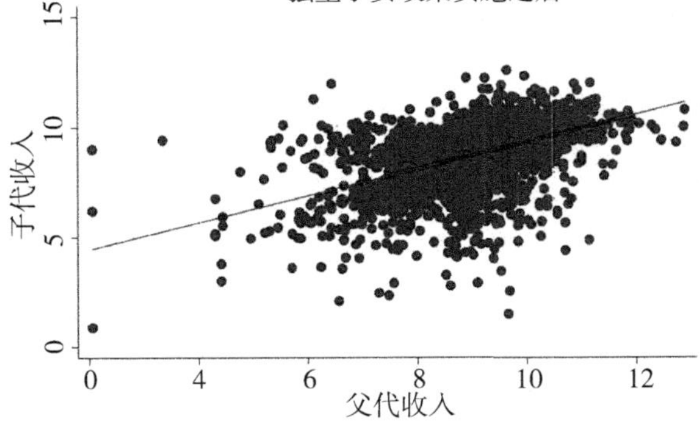

(c)

图 2-7 收入代际效应分析

入也越高，因此我们推断二者之间存在较为密切的正相关关系。分样本而言，我们可以看到，在独生子女政策实施之前，代际传递效应虽然存在但相对较为模糊，同等收入的父代其子代收入水平波动较大，而在独生子女政策实施之后，同等收入的父代其子代收入的波动性明显下降，这意味着子代收入更多地由父代收入所决定了，即代际流动性被削弱了。当然，这并非完全是由于独生子女政策实施所带来的，还可能有其他时间因素在发挥作用，更为准确细致的分析需要我们进一步探讨。

我们还按照户籍和性别细致的分析了不同类型子代的代际收入传递效应的大小。如图 2-8 所示。其中图 2-8(a)表示农村女性子代，我们发现在独生子女政策实施之后高收入家庭的代际收入传递更强了，而低收入家庭的代际收入传递反而被削弱了。图 2-8(b)表示城镇女性子代，我们发现对于城镇女性，代际收入传递现象无论家庭收入贫富都被大大加强了。图 2-8(c)表示农村男性子代，我们发现这一群体与农村女性子代群体具有相似性，但是独生子女政策效应的影响要比其更小。图 2-8(d)所表示的城镇男性子代，独生子女政策的实施使得低收入家庭的代际收入传递被强化了，而高收入家庭的代际收入传递反而被削弱了。当然，这种变化还需要更为细致的分析。

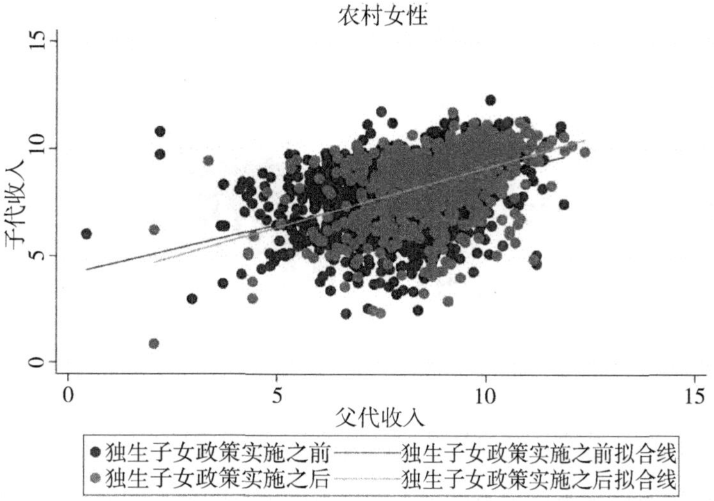

(a)

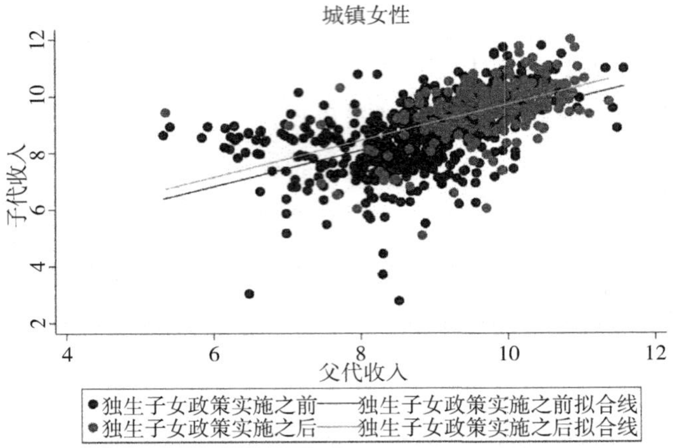

(b)

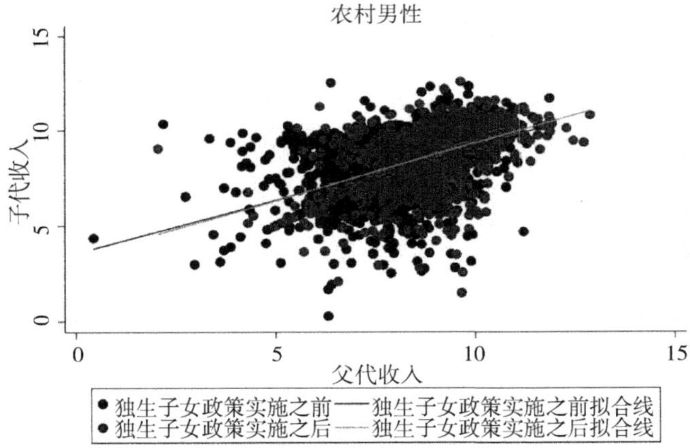

(c)

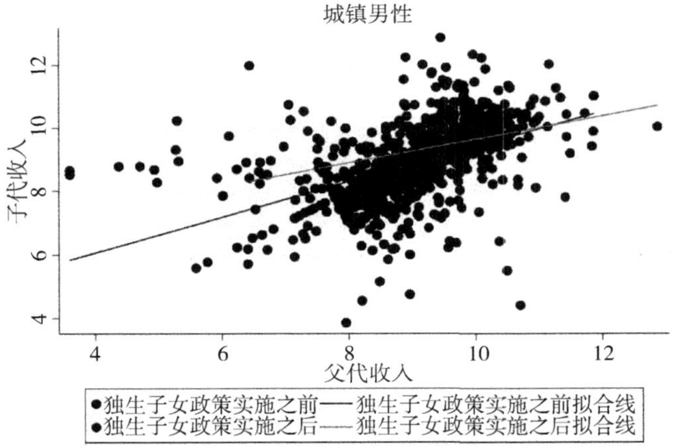

(d)

图 2-8 分样本代际收入传递分析

三、独生子女政策效应的基础结果分析

本部分首先根据式(2.4)估计了独生子女政策对于不同户籍类型不同性别类型子代的差异性影响，结果如表2-2所示。

表2-2(1)列估计了全样本独生子女政策对子代教育年数的影响，发现影响虽然为正但并不显著。第(2)列只保留了城市户籍的女性子代样本，结果发现独生子女政策的实施不但没有促进其受教育水平的提高，反而导致其显著下降。第(3)列估计了农村女孩受独生子女政策影响之后的教育水平变化，结果发现影响程度为负但十分微小且并不显著。在第(4)列估计了城市男孩受独生子女政策影响之后的教育水平变化，发现是有所上升的但是并不显著。第(5)列对农村男孩的受教育水平受独生子女政策影响进行了研究，发现其影响为正但小于独生子女政策对城市男孩受教育水平的影响，并且也不显著。综上所述，对于女孩而言，无论是农村户口还是城市户口，独生子女政策的实施反而会对其受教育年数产生不利影响，但更多的是显著降低了城市女孩的受教育年数，对农村女孩的负向影响不显著；对男孩而言，独生子女政策的实施会提高他们的受教育年数，且对城市男孩的影响要大于对农村男孩的影响，但并不显著。

表2-2　　**独生子女政策对子代教育年数影响1**

	(1) 全样本	(2) 城市女孩	(3) 农村女孩	(4) 城市男孩	(5) 农村男孩
政策实施	1.490***	4.776***	1.908***	1.730	1.059***
组别变量	1.156***	0.520	1.041***	-1.761***	0.893***
交乘项	0.344	-1.890**	-0.0176	0.310	0.189
_cons	7.962***	11.30***	7.143***	13.40***	7.798***
N	8061	742	2911	788	3620

* $p<0.1$，**$p<0.05$，***$p<0.01$

表 2-3 与表 2-2 的区别在于加入了子代出生年代虚拟变量组以及地域虚拟变量组，以达到控制时间固定效应和地区固定效应的目的。其中，cc2、cc3、cc4 分别代表子代出生年代为 1975—1979、1980—1984、1985—1990 的样本，而 tt1 和 tt2 则分别代表地处我国西部和中部的样本。一般而言，子代出生年代距离现在越近则子代教育水平越高，西部地区、中部地区距离东部地区的子代教育水平仍有较大差距。在控制了这两类变量之后，发现独生子女政策对不同户籍不同性别子代教育水平的影响方向没有发生变化，但影响力度有所增加，但除了对城市女孩的影响显著之外，其他仍不显著。在表 2-2 中得出的结论没有任何改变，这也证明了上述结论具有一定的稳健性。

表 2-3 **独生子女政策对子代教育年数影响 2**

	(1) 全样本	(2) 城市女孩	(3) 农村女孩	(4) 城市男孩	(5) 农村男孩
政策实施	0. 499*	3. 712***	0. 770**	-0. 815	0. 686*
组别变量	0. 485***	0. 532	0. 312*	-2. 293***	0. 426***
交乘项	0. 316	-1. 891**	-0. 166	0. 524	0. 211
cc2	0. 914***	1. 800***	1. 024***	1. 765***	0. 527***
cc3	1. 112***	1. 072	1. 428***	3. 159***	0. 211
cc4	1. 701***	2. 157***	2. 268***	2. 717***	0. 912***
tt2	-1. 321***	-2. 133***	-1. 126***	-1. 193***	-1. 132***
tt1	-2. 120***	-1. 326***	-2. 119***	-1. 471***	-1. 646***
_cons	9. 398***	11. 82***	8. 514***	14. 16***	9. 007***
N	8061	742	2911	788	3620

* $p<0.1$，**$p<0.05$，***$p<0.01$

在表 2-4 中将性别变量加入模型进行估计。第(1)列使用全样本对独生子女政策对子代教育水平影响的性别差异进行分析，发现男性子代的受教育水平一般而言高于女性但不显著，独生子女政策的实施显著增加了男性子代和女性子代在受教育水平方面的差距。第(2)列中对农村样本进行了单独回归分析，结果发现农村男孩受教育水平显著高于农村女孩，独生子女政策的实施虽然增加了农村男孩和女孩之间受教育水平上的差距，但不显著。第(3)列则对城市样本单独进行回归分析，结果发现城市男孩和城市女孩之间受教育水平存在着显著差距，即城市男孩受教育水平远远超过城市女孩，且这种差距要远远超过农村男孩对农村女孩的差距，独生子女政策的实施虽然增加了城市男孩和女孩之间受教育水平上的差距，但不显著。一般而言，子代出生年代距离现在越近则子代教育水平越高，西部地区、中部地区距离东部地区的子代教育水平仍有较大差距。综上所述，独生子女政策对受教育水平的影响存在着性别差异，即无论是农村还是城市，都有扩大男孩和女孩之间受教育水平差距的倾向。结合表 2-2 和表 2-3 的结论，这种差距扩大方式更倾向于通过增加男孩受教育水平而降低女孩受教育水平来实现。

表 2-4　　**独生子女政策对子代教育水平影响的性别差异**

	(1) 全样本	(2) 农村	(3) 城市
性别	0.0451	0.235*	1.986***
性别 * 政策实施	-0.960***	-0.556*	-1.138
性别 * 组别变量	0.285*	0.292**	-2.175***
性别 * 交乘项	0.656**	0.200	0.567
cc2	1.053***	0.881***	1.950***
cc3	2.101***	1.739***	3.214***
cc4	2.704***	2.488***	3.486***
tt2	-1.321***	-1.120***	-1.644***
tt1	-2.241***	-1.938***	-1.428***
_cons	9.692***	8.865***	12.20***
N	8061	6531	1530

* $p<0.1$，** $p<0.05$，*** $p<0.01$

然后在估计方程中加入户籍变量，估计结果如表2-5所示。第(1)列使用全样本对独生子女政策对子代教育水平的户籍差异进行回归分析，结果表明城市户籍的子代受教育水平显著高于农村户籍子代，独生子女政策的实施有缩小该差距的倾向，但是不显著。第(2)列只对女孩进行回归分析，结果发现城市女孩受教育水平一般高于农村女孩受教育水平，但差距相对于全样本而言会更小但依然显著，独生子女政策的实施显著缩小了该差距，考虑到表2-2和表2-3的结论，可以认为这是由于独生子女政策的实施更为显著地降低了城市女孩的受教育水平，更少地降低了农村女孩的受教育水平，从而降低了城市女孩和农村女孩的受教育水平上的差距。第(3)列只对男孩样本进行回归分析，结果发现城市男孩拥有比农村男孩更高的受教育水平，且这个差距要超过城乡女孩之间受教育水平的差距，独生子女政策的实施有扩大城市男孩和农村男孩受教育水平差距的倾向，但是并不显著。结合表2-2和表2-3结论，认为这种倾向是通过更多地增加城市男孩受教育水平，更少地增加农村男孩的受教育水平来实现的。综上所述，我们认为独生子女政策的实施降低了女性子代之间的受教育水平上的差距，但这种降低是在抑制女孩受教育水平的基础上实现的，独生子女政策的实施还会扩大男性子代之间的受教育水平差距，但这种扩大是在增加男孩受教育水平的基础上实现的，即独生子女政策对于城市子代的影响效果更为强烈，不管是对女孩的负向影响还是对男孩的正向影响。

表2-5　　**独生子女政策对子代教育水平影响的户籍差异**

	(1) 全样本	(2) 女孩	(3) 男孩
户籍	4.440***	3.661***	5.307***
户籍 * 政策实施	1.833***	2.935***	0.345
户籍 * 组别变量	-1.278***	-0.127	-2.448***
户籍 * 交乘项	-0.880	-2.008**	0.586
cc2	1.004***	1.273***	0.789***
cc3	1.601***	2.049***	1.238***
cc4	2.252***	2.942***	1.717***

续表

	(1) 全样本	(2) 女孩	(3) 男孩
tt2	-1.215***	-1.347***	-1.131***
tt1	-1.944***	-2.142***	-1.793***
_cons	9.109***	8.812***	9.348***
N	8061	3653	4408

* $p<0.1$，** $p<0.05$，*** $p<0.01$

四、教育在代际收入传递中的作用

本部分的模型可以设定为：

$$y_{it}^{c} = \beta_0 + \beta_1 y_{it}^{p} + \beta_2(y_{it}^{p} * H_{it}) + \beta_3(y_{it}^{p} * T_{it}) + \beta_4(y_{it}^{p} * H_{it} * T_{it}) + \sum \beta_j * X_{it} + u_i + u_t + \varepsilon_{it} \quad (2.5)$$

在式(2.5)中，下标 i 和 t 分别表示第 i 个人的第 t 年；y_{it}^{c} 表示子代收入，y_{it}^{p} 表示父代收入；H_{it} 为民族虚拟变量，汉族为 1，少数民族为 0；变量 T_{it} 在独生子女政策实施前赋值为 0，实施后赋值为 1；u_i 为不可观测的个体效应，u_t 为不可观测的时间效应，ε_{it} 为随机扰动项。β_1 表示代际收入弹性系数（Intergenerational Earnings Elasticity，IGE），弹性系数越大，意味着代际传递越强；β_4 为双重差分估计量的估计系数，度量独生子女政策对于 IGE 的净影响。为了控制其他因素对于 IGE 的影响，本章加入了控制变量集 X_{it}，它包括地区(distinct)、年代(decade)、性别(gender)。

上式的估计结果如表 2-6 所示。第(1)列对全样本进行回归，估计了独生子女对代际收入传递的影响，结果发现父代收入越高子代收入越高，即存在明显的代际收入传递现象，并且独生子女政策的实施显著增强了这种代际收入传递的程度。第(2)列中针对城市女孩进行了单独回归，结果发现在城市女孩这一群体中代际收入传递效应最强，并且独生子女政策的实施对其强化作用也最强。第(3)列则对农村女孩进行了单独回归分析，结果发现在农村女孩这一群体之中代际收入传递的效应最弱，并且独生子女政策的实施有缩小这种效应的倾向，但很微小且不显著。第(4)列对城市男孩进行了单独回归分析，结果发现在城市男孩这一群体中代际收入传递效应相对较弱，且独生子女政策的实施对其强化作用较小且不显著。第(5)列对农村男孩进行了单独分析，结果发现在农村男孩这一群体中代际收入传递效应相对较强，且独生子女政策对该效应的强化作用比较强烈。综上所述，父代收入的增加确实显著增加了子代收入，无论是何种户籍何种性别。并且我们发现独生子女政策对代际收入传递产生显著影响，独生子女政策的实施使得我国代际收入传递效应增强，这种代际传递效应更多地表现在城市女孩和农村男孩身上。

表 2-7 与表 2-6 的区别在于我们加入了子代出生年代虚拟变量组以及地域虚拟变量组，以达到控制时间固定效应和地区固定效应的目的。其中，cc2、cc3、cc4 分别代表子代出生年代为 1975—1979、1980—1984、1985—1990 的样本，而 tt1 和 tt2 则分别代表地处我国西部和中部的样本。我们在控制了这两类变量之后，发现独生子女政策对代际收入传递的影响没有发生显著改变，只是略微降低了代际收入传递效应的强度和略微增加了独生子女政策对这种代际收入传递效应的强化作用。值的注意的是，控制了时间固定效应以及地区固定效应之后，只有城市女孩这一群体中，独生子女政策对代际收入传递效应的强化会略微减弱，而农村女孩群体中，独生子女政策对代际收入传递效应的弱化会转为强化，但系数很小且不显著。这证明了本章结论具有稳健性。

表 2-6　　**独生子女对代际收入传递的影响 1**

	(1) 全样本	(2) 城市女孩	(3) 农村女孩	(4) 城市男孩	(5) 农村男孩
父代收入	0.548***	0.671***	0.465***	0.537***	0.557***
父代收入 * 政策实施	-0.000910	-0.0338	0.0284*	0.0136	-0.0175
父代收入 * 组别变量	0.0117**	-0.0370***	0.0167**	-0.00789	0.00997
父代收入 * 交乘项	0.0248**	0.0759***	-0.00228	0.0166	0.0332**
_cons	3.539***	2.970***	4.023***	4.096***	3.529***
N	8755	848	3291	842	3774

* $p<0.1$，** $p<0.05$，*** $p<0.01$

表 2-7　　　　**独生子女对代际收入传递的影响 2**

	(1) 全样本	(2) 城市女孩	(3) 农村女孩	(4) 城市男孩	(5) 农村男孩
父代收入	0.514***	0.584***	0.430***	0.462***	0.530***
父代收入 * 政策实施	-0.00281	-0.0585**	0.0203	-0.0312	-0.00716
父代收入 * 组别变量	0.00533	-0.0181	0.0174**	-0.00801	-0.00823
父代收入 * 交乘项	0.0284***	0.0749***	0.000852	0.0285	0.0389***
cc2	0.141***	0.253***	0.122**	0.423***	0.105**
cc3	0.0386	0.366**	0.122	0.472**	-0.134
cc4	0.0149	0.373*	0.103	0.463*	-0.135
tt2	-0.529***	-0.606***	-0.574***	-0.612***	-0.482***
tt1	-0.449***	-0.107	-0.343***	-0.265***	-0.607***
_cons	4.161***	3.770**	4.576**	4.963**	4.230**
N	8755	848	3291	842	3774

* $p<0.1$，** $p<0.05$，*** $p<0.01$″

我们还考察了性别对于代际收入弹性的影响差异，回归结果如表 2-8 所示。第(1)列对全样本进行了分析，结果发现在男性子代中的收入要更低一点，但并不显著，代际收入弹性在男性子代身上表现的更高，即相较于女儿，儿子的收入更易受到父代收入的影响，但是也不显著。第(2)列分析了农村样本中代际收入弹性的性别差异，结果发现农村女孩的收入要高于农村男孩的收入，这并不显著，农村男孩的代际收入弹性比农村女孩显著更强。第(3)列针对城市样本进行分析，发现城市男孩的收入水平显著高于城市女孩，但是代际收入传递效应在城市女孩身上表现的更为明显且显著。综上所述，我们可以发现代际收入弹性的性别差异存在户口差异，即在农村人口中男孩的代际收入弹性高于女孩，而城市人口中则女孩的代际收入弹性高于男孩，这两种相反的效应导致全样本下的代际收入弹性性别差异不显著。本部分结论与表 2-6 和表 2-7 结论完全相符，证明了结论的稳健性。

表 2-8　　　　　　代际收入弹性的性别差异

	(1) 全样本	(2) 农村	(3) 城市
性别	-0.116	-0.406	1.213**
父代收入	0.507***	0.457***	0.562***
性别 * 父代收入	0.0355	0.0731**	-0.117**
cc2	0.167***	0.140***	0.351***
cc3	0.230***	0.181***	0.468***
cc4	0.221***	0.193***	0.456***
tt2	-0.523***	-0.511***	-0.584***
tt1	-0.488***	-0.510***	-0.182***
_cons	4.169***	4.526***	3.808***
N	8827	7110	1717

* $p<0.1$，** $p<0.05$，*** $p<0.01$"

表 2-9 以 1979 年为分界线，分别考察 1979 之前和之后的代际收入弹性性别差异，并且还考虑了城乡差异。第(1)列显示 1979 年之前出生的子代代际收入弹性差异，结果表明其收入会随父代收入的增长而增长，即存在显著的代际收入传递现象，并且存在男性子代中的代际收入传递效应显著更强的现象。第(2)列显示 1979 年之后出生的子代代际收入弹性差异，表明 1979 年之后出生的子代中的代际收入传递效应仍然显著存在并且比 1979 年之前出生的子代更强，但是性别因素导致的代际收入传递效应差异不再显著，而且呈现出女性子代代际收入传递效应更强的倾向。第(3)单独分析了 1979 年后出生的城市子代子集，结果发现其中的代际收入传递效应较 1979 年后出生总样本更强且显著，并且 1979 年后出生的城市女孩中的代际收入传递效应较城市男孩显著更强。第(4)列针对 1979 年前出生的城市子代进行分析，结果发现其代际收入传递效应也要强于 1979 年之前出生子代的总样本，但要低于 1979 年后出生的城市子代样本，而且 1979 年

前出生的城市女孩中的代际收入传递效应有强于城市男孩的倾向但不显著。第(5)列只对1979年出生的农村子代群体进行分析，结果发现其中的代际收入传递效应要弱于同时期的城市子代和同时期的全样本子代，并且在性别差异方面完全不同于城市样本，即农村男孩中的代际收入传递效应有强于农村女孩的倾向，但不显著。而第(6)列只保留了1979年之前的农村子代样本进行回归，结果发现其代际收入传递效应虽然显著存在，但是要低于同时期的城市子代也要低于1979年后出生的农村子代，并且在性别层面上，该时期的农村子代的代际收入传递效应具有明显的差异，男孩的代际收入传递效应更加强烈。综上所述，可以发现1979年之前存在显著的性别差异，即男孩的代际收入弹性高于女孩，并且这主要是由于农村男孩的代际收入弹性显著高于农村女孩的代际收入弹性所带来的；1979年以后代际收入弹性的性别差异不显著，究其原因发现这是因为城市女孩的代际收入弹性在1979年之后显著超过了城市男孩代际收入弹性，扭转了农村男孩代际收入弹性超过女孩的局面，并且随着时间的推移，不管是在农村还是城市子代群体之中，代际收入弹性都有逐渐增强的趋势。因此可以得出结论，随着时间的推移，我国代际收入传递的性别差异逐渐缩小，但也我国的代际收入传递效应却随之加强，降低了社会流动性。

表2-9　　**1979年前后的代际收入弹性性别差异**

	(1) 1979之前	(2) 1979之后	(3) 1979之后 城市	(4) 1979之前 城市	(5) 1979之后 农村	(6) 1979之前 农村
父代收入	0.516***	0.620***	0.641***	0.632***	0.559***	0.464***
性别	-0.338	0.188	2.600*	0.821	-0.220	-0.613**
性别*父代收入	0.0640*	-0.0102	-0.266*	-0.0738	0.0388	0.101***
_cons	3.788***	3.118***	3.293***	3.011***	3.551***	4.145***
N	6443	2384	496	1221	1888	5222

* $p<0.1$，**$p<0.05$，***$p<0.01$″

表 2-10 与表 2-9 的区别在于其中加入了子代出生年代虚拟变量组以及地域虚拟变量组，以达到控制时间固定效应和地区固定效应的目的。其中，cc2、cc3、cc4 分别代表子代出生年代为 1975—1979、1980—1984、1985—1990 的样本，而 tt1 和 tt2 则分别代表地处我国西部和中部的样本。我们在控制了这两类变量之后发现，估计系数方向没有发生任何变化，估计系数大小略有变化，显著性程度上升。具体而言，在控制了两类固定效应之后，代际收入传递效应大小略有下降，而性别差异大小略有上升，总体而言，结论是比较可靠稳健的。

表 2-10　　**1979 年前后的代际收入弹性性别差异 2**

	(1) 1979 之前	(2) 1979 之后	(3) 1979 之后 城市	(4) 1979 之前 城市	(5) 1979 之后 农村	(6) 1979 之前 农村
父代收入	0.471***	0.570***	0.609***	0.550***	0.513***	0.423***
性别	−0.350	0.132	2.682*	0.812	−0.269	−0.606**
性别 * 父代收入	0.0677**	−0.00192	−0.271*	−0.0696	0.0454	0.102***
cc2	0.151***	0.0918	0	0.340***	0.110	0.119***
cc3	0	0.0331	0.0703	0	0.0112	0
cc4	0	0	0.0571	0	0	0
tt2	−0.518***	−0.540***	−0.694***	−0.527***	−0.477***	−0.528***
tt1	−0.447***	−0.600***	−0.424***	−0.0817	−0.585***	−0.484***
_cons	4.435***	3.890***	3.842***	3.859***	4.276***	4.785***
N	6443	2384	496	1221	1888	5222

* $p<0.1$，** $p<0.05$，*** $p<0.01$″

表 2-11 中我们考虑了独生子女政策对代际收入弹性影响的性别差异。第(1)列是对全样本进行回归分析的结果，我们发现男性子代的收入要略高于女性子代但是统计上并不显著，代际收入传递效应显著存在，并且独

生子女政策的实施对男性子代的代际收入传递效应的影响要明显强于女性。第(2)列中只对农村样本进行回归分析，发现农村中存在女性子代收入超过男性子代的现象，但统计上并不显著，代际收入传递效应显著存在但低于全样本中代际收入传递效应水平，并且农村样本中独生子女政策的实施对男性子代的代际收入传递效应的影响要明显强于女性。第(3)列中对城市样本进行单独回归分析，结果发现城市中男性子代收入要远远超过女性子代，且统计上存在显著差异，代际收入传递效应显著存在且高于全样本平均水平，独生子女政策的实施对男性子代的代际收入传递效应的影响存在强于女性的倾向，但是就统计而言是不显著的。所以由表2-11(1)、(2)、(3)列可知城市中男性子代收入更高而农村则存在相反的倾向，代际收入传递效应在城市中更加强大，独生子女政策的实施会导致男生的代际收入弹性高于女生，且这种效应主要是由于农村人口所带来的。第(4)、(5)、(6)列分别针对第(1)、(2)、(3)列加入了地区变量、时间变量以及子代年龄及其平方变量，以求控制一些固定效应和影响因素。结果发现子代年龄对其收入的影响呈现明显的倒U形结构，随着时间的推移子代收入是逐渐上升的且东部地区、中部地区、西部地区的子代收入依次逐渐下降。加入控制变量以后发现，子代收入在性别间的差异变得都不在显著，这表明男女收入在某种程度上是平等的，且代际收入传递效应变得更小但依然显著存在，而且农村地区的代际收入传递效应超过了城市地区。但独生子女政策对代际收入弹性影响的性别差异与上述结论保持一致，只是影响力度上略有下降。结合之前表2-6表2-7结论发现，独生子女政策的实施对各个类型子代(农村男孩、农村女孩、城市男孩、城市女孩)之间的代际收入传递效应都具有一定的促进作用，只是对农村男孩的促进作用超过农村女孩，对城市男孩的促进作用比对城市女孩的促进作用虽然更大，但是并不显著，这就导致全样本中，独生子女政策的实施对男性子代群体中代际收入传递效应的促进程度要超过女性子代。

表 2-11　　　　独生子女政策代际收入弹性的性别差异

	(1) 全样本	(2) 农村	(3) 城市	(4) 全样本	(5) 农村	(6) 城市
性别	0.0201	-0.317	1.570***	-0.0879	-0.313	0.678
父代收入	0.566***	0.508***	0.697***	0.360***	0.340***	0.290***
性别*父代收入	0.00377	0.0489	-0.160**	0.0221	0.0541*	-0.0723
性别*父代收入*政策变量	-0.0181	-0.0175	0.0136	-0.0261**	-0.0255*	-0.0140
性别*父代收入*组别变量	0.0112*	0.00997	-0.00789	0.00726	0.00517	0.00768
性别*父代收入*交乘项	0.0365***	0.0332**	0.0166	0.0317**	0.0307**	0.0176
C_age				0.243***	0.238***	0.200***
C_age2				-0.276***	-0.272***	-0.174***
cc2				0.199***	0.184***	0.358***
cc3				0.436***	0.414***	0.648***
cc4				0.623***	0.579***	0.982***
tt2				-0.402***	-0.425***	-0.324***
tt1				-0.368***	-0.404***	-0.106**
_cons	3.435***	3.847***	2.526***	1.120***	1.373***	2.176***
N	8755	7065	1690	8755	7065	1690

* $p<0.1$，** $p<0.05$，*** $p<0.01$″

我们还研究了独生子女政策对代际收入弹性影响的户籍差异，结果如表 2-12 所示。第(1)列表明就全样本而言，在控制了时间和地区固定效应之后，子代在城乡户籍之间并不存在显著的收入差异，代际收入传递效应明显，且城镇户口的子代之中代际收入传递效应有超过农村户口子代的倾向，但并不显著。第(2)列中只分析了女孩的情况，结果发现城市女孩的收入要显著低于农村女孩的收入，在女孩中间的代际收入传递效应要低于全样本平均水平，城市女孩的代际收入传递效应明显强于农村女孩。在第(3)列中保留了男性子代的样本进行回归，结果发现城市男孩的收入要高于农村男孩，但是并不显著，在男孩之中的代际收入传递效应要高于全样本平均水平，农村男孩的代际收入传递效应略高于城市男孩，但是也不显著。第(4)列之中分析了独生子女政策对全样本子代代际收入弹性影响的户籍差异，并且加入了子代年龄变量，结果发现城市户籍的子代收入要显著高于农村户籍，代际收入传递效应略有下降，农村户籍中的代际收入传递效应要更高，最重要的是独生子女政策的实施对城市子代代际收入传递效应的强化作用显著更强。第(5)列对女孩进行单独分析，也加入子代年龄变量，发现城市女孩收入要略高于农村女孩但不显著，代际收入传递效应减弱且依然低于全样本平均水平，城市女孩代际收入传递效应略高但不再显著，最重要的是独生子女政策的实施对城市女孩代际收入传递效应的强化作用显著强于农村女孩。第(6)列对男孩进行单独分析，也加入子代年龄变量，发现城市男孩收入要远高于农村男孩且非常显著，代际收入传递效应减弱且依然高于全样本平均水平，城市男孩代际收入传递效应显著低于农村男孩，独生子女政策的实施对城市男孩代际收入传递效应的强化作用略强于农村男孩，但是并不显著。综上所述，城市户籍子代收入显著更高，且这是由于城市男孩收入显著高于农村男孩所导致的，但是只对女性收入而言，城乡户籍不存在显著差异。男孩之间的代际收入传递效应要高于女孩。独生子女政策的实施使得城市女孩的代际收入弹性显著超过农村女孩的代际收入弹性，且使得全样本中城市户籍的子代代际收入弹性高于农村户籍子代。如果不实施独生子女政策，那么全样本将表现出农村代际收入弹性更高的特点，这种特点主要是农村男孩的代际收入弹性大大高于城市男孩代际收入弹性所带来的。

表 2-12　　　　代际收入弹性的户籍差异

	(1) 全样本	(2) 女孩	(3) 男孩	(4) 全样本	(5) 女孩	(6) 男孩
户籍	-0.00464	-0.742*	0.648	0.941***	0.432	1.351***
父代收入	0.497***	0.453***	0.531***	0.372***	0.346***	0.390***
户籍 * 父代收入	0.0376	0.128***	-0.0401	-0.0685**	0.00335	-0.128***
cc2	0.174***	0.163***	0.189***	0.207***	0.194***	0.225***

续表

	(1) 全样本	(2) 女孩	(3) 男孩	(4) 全样本	(5) 女孩	(6) 男孩
cc3	0. 234***	0. 335***	0. 148***	0. 417***	0. 494***	0. 361***
cc4	0. 247***	0. 336***	0. 166**	0. 627***	0. 664***	0. 604***
tt2	−0. 522***	−0. 572***	−0. 498***	−0. 398***	−0. 458***	−0. 365***
tt1	−0. 458***	−0. 349***	−0. 567***	−0. 368***	−0. 259***	−0. 475***
户籍 * 父代收入 * 政策实施				−0. 0215	−0. 0401*	−0. 00201
户籍 * 父代收入 * 组别变量				−0. 0189**	−0. 0233**	−0. 0132
户籍 * 父代收入 * 交乘项				0. 0433**	0. 0599***	0. 0257
C_age				0. 232***	0. 174***	0. 275***
C_age2				−0. 254***	−0. 159***	−0. 327***
_cons	4. 270***	4. 489***	4. 128***	1. 205***	2. 089***	0. 561*
N	8827	4176	4651	8755	4139	4616

* $p<0.1$，** $p<0.05$，*** $p<0.01$

根据上述分析，我们可以得出以下结论：首先，独生子女政策对我国代际传递有显著影响，且这种影响有性别和户籍差异。具体来说，独生子女政策的实施使得子代的收入更多的取决于父代的收入情况，且这种代际传递效应的增强更多地表现在城市女孩和农村男孩身上，在农村人口中男孩的代际收入弹性高于女孩，而城市人口中则女孩的代际收入弹性高于男孩，这两种相反的效应导致全样本下的代际收入弹性性别差异不显著。其次，独生子女政策实施之后，我国代际收入传递的性别差异逐渐缩小，但也我国的代际收入传递效应却随之加强，降低了社会流动性。具体而言，独生子女政策实施之前存在显著的性别差异，即男孩的代际收入弹性高于女孩，并且这主要是由于农村男孩的代际收入弹性显著高于农村女孩的代际收入弹性所带来的；独生子女政策实施之后代际收入弹性的性别差异不显著，究其原因发现这是因为城市女孩的代际收入弹性在1979年之后显著超过了城市男孩代际收入弹性，扭转了农村男孩代际收入弹性超过女孩的不利局面。最后，独生子女政策的实施对农村男性子代的代际收入传递效应促进力度显著高于农村女性，导致独生子女政策对全样本男性子代的促进力度大于女性子代；独生子女政策的实施对城市户籍女性子代中代际收入传递效应的促进作用显著高于农村女性，导致独生子女政策对全样本城市子代的促进力度大于农村子代。

Blau和Duncan在《美国的职业结构》一书提出讨教育与代际流动关系的"OED三角"理论，这一理论为本章影响机制分析提供了理论基础。O是指社会出生(Social Origin)，E为教育获得(Educational Attainment)，D为社会地位(Social Destination)，如图2-9所示，三者之间的关系有三条可能的流动路径。现代社会中代际流动的主要方式则是第三种途径，同时涉及OE和ED关系，即子女教育获得过程和结果与教育的劳动力市场回报过程和结果(王处辉，2015)。

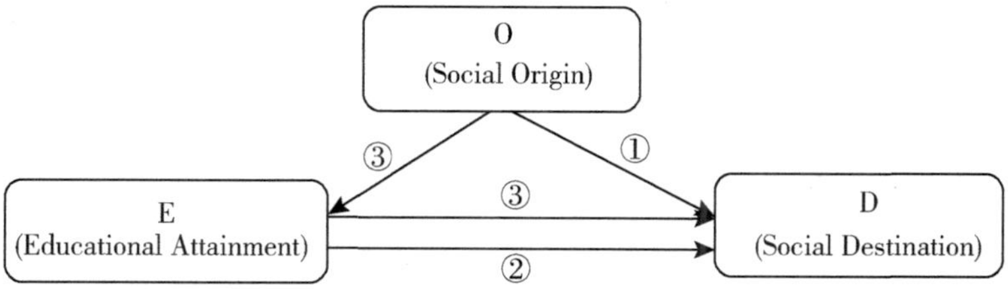

图2-9 "OED"三角理论

下面主要分析独生子女政策对代际传递的这种影响究竟是由家庭教育决策的改变引起的，还是由于教育的劳动力市场回报的改变导致，或者是二者同时起作用。

(一)教育获得

本章首先对父代对子代教育的投资选择是否存在性别差异进行检验。

构建模型如下：

$$N_{it}^{c} = \alpha_0 + \alpha_1\ gender_i + \alpha_2 y_{it}^{p} + \alpha_3\ gender_i * y_{it}^{p} + v_{it} \qquad (2.6)$$

其中，N_{it}^{c} 表示子代受教育水平，v_{it} 为随机扰动项。

式(2.6)的估计结果如表2-13所示。其中第(1)列是对全样本进行的回归分析，结果显示，女性子代的受教育水平明显低于男性子代，而且父代收入明显影响子代的受教育水平，最为重要的是女性子代受教育程度受父代收入的影响程度更大。第(2)列只对城市样本进行回归分析，结果发现在城市样本中子代受教育水平的性别差异更加明显，城市男孩受教育水平比城市女孩更高，城市子代受教育水平受父代收入的影响更大，且城市女孩受教育水平受父代收入影响比城市男孩更大更显著。第(3)列保留农村样本进行分析，结果发现在农村之中子代受教育水平也存在显著差异但差异要小于城市样本，父代收入同样能显著影响子代受教育水平但是影响力度不如城市，父代收入对农村女孩受教育水平的影响要大于农村男孩，但差距没有城市之中差距大。综上所述，我们发现父代收入对子代教育水平具有显著影响，且对女性子代的影响要超过男性子代，对城镇的影响要超过农村。

表2-13　　**父代收入对子代教育投资的性别差异**

	(1) 全样本	(2) 城市	(3) 农村
性别	0.839***	1.245**	0.533***
父代收入	0.430***	0.569***	0.290***
性别 * 父代收入	−0.0928***	−0.149***	−0.0487**
_cons	−1.495***	−1.866***	−0.566***
N	8765	1713	7052

* $p<0.1$，**$p<0.05$，***$p<0.01$

接着，对独生子女政策所造成的父代对子代教育性别差异的影响进行检验。

$$N_{it}^{c} = \rho_0 + \rho_1 gender_i + \rho_2 y_{it}^{p} + \rho_3 (gender_i * y_{it}^{p}) + \rho_4 (gender_i * y_{it}^{p} * H_{it}) + \rho_5 (gender_i * y_{it}^{p} * T_{it}) + \rho_6 (gender_i * y_{it}^{p} * H_{it} * T_{it}) + \delta_{it} \quad (2.7)$$

其中，δ_{it} 为随机扰动项。

结果如表 2-14 所示。第(1)列针对全样本进行回归分析，结果发现独生子女政策的实施对父代对子代教育投资选择的性别差异产生了显著影响，具体而言就是独生子女政策使得父代更加注重男性子代的教育投资。第(2)列中只保留城市样本进行分析，结果发现独生子女政策的实施并没有对城市内部子代教育投资的性别差异产生显著影响。第(3)列只针对农村样本进行回归分析，结果发现独生子女政策的实施也没有对农村内部子代教育投资的性别差异产生显著影响。在第(1)列的基础上加入虚拟变量 urban(1 表示城市，0 表示农村)，得到第(4)列，其估计系数仍然显著，结果表明父代对子代教育投资的性别差异存在城乡户籍上的差异，即同等收入水平下对城市男孩的教育投资要高于农村男孩，并且独生子女政策的确使得父代更加重视男孩教育投资而忽视女孩教育投资。

表 2-14　　独生子女政策对子代教育投资的性别差异

	(1) 全样本	(2) 城市	(3) 农村	(4) 包含城乡变量的全样本
性别	1.136***	1.633***	0.781***	1.658***
父代收入	0.432***	0.579***	0.291***	0.432***
性别 * 父代收入	−0.165***	−0.138**	−0.113***	−0.238***
性别 * 父代收入 * 政策变量	0.00577	0.0270	0.0159	0.0134
性别 * 父代收入 * 组别变量	0.0331***	−0.0718***	0.0318***	0.0207***
性别 * 父代收入 * 交乘项	0.0290**	0.0176	0.0163	0.0221**

续表

	(1) 全样本	(2) 城市	(3) 农村	(4) 包含城乡变量的全样本
性别　父代收入 城乡变量				0.113***
_cons	-1.518***	-1.957***	-0.576***	-1.518***
N	8699	1686	7013	8699

* $p<0.1$，**$p<0.05$，***$p<0.01$

(二)教育的回报率

独生子女政策对教育回报率影响的检验基于以下模型：

$$y_{it}^{c} = \theta_0 + \theta_1 edu_{it} + \theta_2 w_{it}^{c} + \theta_3(w_{it}^{c})\hat{}2 + \theta_4 gender_i + \theta_5 (edu_i * gender_i) + \theta_6 edu_i * gender_i * H_{it} + \theta_7 edu_i * gender_i * T_{it} + \theta_8 edu_i * gender_i * H_{it} * T_{it} + \zeta_{it} \quad (2.8)$$

其中，edu_{it} 表示子代的最高学历，w_{it}^{c} 为子代参加工作年数，ζ_{it} 为随机扰动项。

结果如表 2-15 所示。第(1)列针对全样本进行回归分析，结果发现子代收入受到子代教育水平的显著正向影响，且子代工作经验对其收入的影响呈现倒 U 形结构，一般而言男性子代的收入要超过女性子代，但是独生子女政策的实施并没有显著改变子代教育对子代收入的影响，即独生子女政策的实施没有改变子代教育水平的回报率。第(2)列中只对城市子代样本进行分析，结果发现城市子代教育回报率略低于平均水平，性别对收入的影响更加巨大，独生子女政策的实施依然没有显著改变子代教育回报率。第(3)列中保留农村样本进行分析，发现农村子代的教育回报率要高于城市子代，性别对农村子代收入的影响相对较小，独生子女政策的实施依然没有显著改变子代教育回报率。在第(1)列的基础上我们加入城乡变量，得到第(4)列，结果发现其结论与第(1)列保持一致。

表 2-15　　　　**独生子女政策对教育回报率的影响**

	(1) 全样本	(2) 城市	(3) 农村	(4) 包含城乡变量的全样本
子代教育水平	0.693***	0.648***	0.707***	0.693***
工作经验	0.142***	0.144***	0.143***	0.142***
工作经验平方项	-0.00169***	-0.00183***	-0.00170***	-0.00169***
性别	0.314***	0.633***	0.284***	0.320***
教育水平 * 性别	-0.225***	-0.276***	-0.221***	-0.230***
教育水平 * 性别 * 政策变量	0.152***	0.146**	0.157***	0.153***
教育水平 * 性别 * 组别变量	0.0728***	0.0472	0.0693**	0.0726***
教育水平 * 性别 * 交乘项	0.0658	0.0532	0.0808	0.0648
教育水平 * 性别 * 城乡变量				0.00749
_cons	5.735***	5.899***	5.698***	5.736***
N	8061	1530	6531	8061

* $p<0.1$，** $p<0.05$，*** $p<0.01$

综上所述，独生子女政策对于教育的回报率的影响不显著，对家庭教育投资选择性别差异有显著影响；独生子女政策通过家庭教育投资来影响我国代际收入传递，并产生性别差异。独生子女政策对子代教育投资选择的影响主要体现在两方面。首先，独生子女政策从减少子女数量的角度增加了单个子女所能获得的教育投资金额。其次，独生子女政策影响了父代对于子代的教育投资选择的性别差异。

城市自 1979 年开始实行严格的独生子女政策，一个家庭只有一个孩子。当独生子女政策实施后，家庭可供投资的教育资金增加时，城市女孩可获得的教育资金显著增加，从而获得了更高的人力资本投资，代际收入传递弹性系数显著提高。这很好地解释了之前结论——独生子女政策实施后，城市女孩的代际收入弹性系数显著提高。

对于农村的女孩，当独生子女政策实施后，一方面，子代能获得的教育资金增多，此时，农村女孩教育投资会有一定幅度的上升，但上升幅度远远低于城市女孩；另一方面，独生子女政策产生增强了农村家庭教育投资的男性偏好。同时，与城市不同，农村的并不是实行严格的独生子女政策，因而在后代数量减少时，在家庭投资存在性别偏好的情况下，农村男性更有可能获得更多教育投入，人力资本投资提升，代际收入弹性系数显著提高。

本章使用双重差分模型分析了独生子女政策对我国子代受教育水平的影响。通过分析，主要得出以下结论：

(1)独生子女政策一般而言能够促进男性子代受教育水平的提高，但效果不是很显著，但可以显著降低女性子代的受教育水平，尤其是城市女孩。

(2)独生子女政策对受教育水平的影响存在着性别差异，有扩大男孩和女孩之间受教育水平差距的倾向。这种差距扩大方式更倾向于通过增加男孩受教育水平而降低女孩受教育水平来实现。

(3)独生子女政策的实施通过抑制城市女孩受教育水平缩小了女性子代之间的受教育水平上的差距，独生子女政策的实施还会扩大男性子代之间的受教育水平差距，但这种效应并不显著，这种扩大是在增加男孩受教育水平的基础上实现的，即独生子女政策对于城市子代的影响效果更为强烈，不管是对女孩的负向影响还是对男孩的正向影响。

(4)独生子女政策对我国代际传递有显著影响，且这种影响有性别差异。独生子女政策的实施使得子代的收入更多的取决于父代的收入情况，男孩比女孩受父代收入影响程度更高。

(5)父代对子代教育投资存在性别差异，独生子女政策对我国家庭教育投资有显著影响。教育投资性别差异体现在女孩比男孩的教育投资更加依赖父代的收入水平。当父代收入增加时，女孩会比男孩获得更多的教育投资机会，并且城市女孩远高于农村女孩。

独生子女政策对教育投资的影响体现在投资绝对量和性别差异上。前者主要表现为由于孩子数量的减少，独生子女的人力资本投资绝对量呈现增长趋势。在性别差异上城乡情况有所差异：城市严格的独生子女政策改善了城市女孩的家庭教育投资，传统的男孩家庭效用开始向女孩扩展，城市女孩在家庭人力资本投资中的性别弱势得到改善；非严格的独生子女政策下，农村女孩仍处于家庭教育投资弱势地位，农村男孩获得的家庭教育投资增加。

(6)独生子女政策通过对改变家庭教育投资来影响我国代际收入传递。教育对于代际收入传递的影响体现在父代对子代教育投资选择和教育回报率两方面。独生子女政策对我国家庭教育投资有显著的影响，而对于教育的回报率的影响不显著。因此，通过影响家庭教育投资，独生子女政策对代际收入传递产生影响。

独生子女政策的实施一方面增强了我国代际收入传递，使社会阶层走向“固化”，降低社会开放程度；另一方面，女孩尤其是城市女孩获得的教育投资增多，缓解了家庭教育投资弱势性别地位，有利于提高女性收入。通过以上分析，在我国当前老龄化背景下，当前放开“二胎”的政策不仅能够积极改变我国不合理的人口结构，还能促进我国代际收入流动，有利于社会的公平和开放。但是，我们也应该注意到，放开“二胎”政策可能会加剧男女家庭教育投资不平等，扩大性别收入差距的问题。因此，政府可以考虑在放开“二胎”政策的同时，实施增加女孩育投资的公共政策。

第三章
户籍制度与子女教育获得

户籍制度，对子女教育的获得具有重大的影响。近年来，经济的发展、改革的深入、交通运输网络的改善加速了要素集聚(李煜伟、倪鹏飞，2013)，加快了中国城镇化进程步伐，产生了大量的人口流动，对城市经济发展、城镇化水平的提升起到了巨大的推动作用，但与城镇居民相比，外来人口作为城市的“二等公民”(Demurger et al.，2009)在就业方面面临不同程度的歧视，在收入和福利方面也显著偏低(王美艳，2005；邓曲恒，2007；邢春冰，2013)，使得户口制度一直备受诟病，责难在于各大城市的公共资源和服务都是基于户籍制度为依据所进行的分配(李骏，2016)。

我国的户籍制度一向对外来流动人口的落户有着严格的限制，但随着城镇化进程的推进和城乡户籍分化导致的现实问题增多，户籍也进行了各种探索式的改革。如：2016 年 1 月 1 日开始实施的居住证管理制度，但一系列的改革并没有改变粘附在户籍上的教育、医疗、就业、社会保障等人为分割所带来的社会福利差异化的制度排斥状况，这种不平等甚至可以通过子代教育资源的配置不均传递到下一代。根据代际传递理论，认为收入和社会阶层具有代际的传递性，父代的户籍状况会通过各种资源的获得等结构性因素对子女产生影响，即使生活在城镇地区，没有城市户籍也不能获得相应的公共服务，那么这种影响是否会体现在子代的教育上？影响程度如何？该如何去缩小由户籍带来的子代教育差距问题？鉴于此，本章按照户籍属性和居住地两个维度将父代划分为以下四种类型：城镇本地居民、新市民、流动人口和农村本地居民，实证研究父代户籍身份特征的不同对子代教育获得的影响。这些问题的研究为理解广泛存在的子代教育获得上的差异提供了新的角度，从中国自身来说，本章为推进户籍制度改革，缓解城乡差距的局面提供了重要的依据，具有重要的理论意思和现实意义。

第一节　户籍与子代教育获得的文献回顾

一、户籍分层与地位获得研究

改革开放以来，户籍制度下的二元城乡经济结构以及由此产生的诸多歧视和阶层固化问题引起了学术界和政策部门的广泛关注。陆益龙(2008)使用 2003 年 CGSS 调查数据研究了户口因素在社会分层中的作用和对社会流动的影响。结果表明户籍的难转换性和难迁移性导致了相对封闭的阶层结构，较高等级的户口有助于个人实现向上的流动。吴开亚、张力(2010)从转型时期地方政府职能出发，通过构造城市落户门槛指数，量化比较了我国 46 个样本城市落户门槛的高低，得出户籍制度改革的深化需要发展模式、政府职能、公共财政、收入分配、民众权利等多领域的改革互动。

随着研究的深入学者在关注城乡差异的同时也开始延伸到城市内部户籍分层研究。魏万青(2012)将外来劳动力分为新移民和流动人口，利用 2002 年的中国家庭收入调查数据探讨了户籍制度的影响。结果表明户籍限制的往往是高素质人才，并且这一不利影响随着市场化进程的推进变得更加显著。柳建坤(2017)采用“2012 年中国劳动力动态调查数据”从工作机会差异和职业内部收入差距的双重视角，研究了农民工在城镇劳动力市场中遭遇的收入不平等。在职业方面，王美艳(2005)使用第五次人口普查数据和城市劳动力抽样数据研究外来劳动力与城市本地劳动力的工资差异，实证结果表明这两类群体的工资差异不仅存在于就业岗位间，而且存在于就业岗位内，主要是由人力资本和制度因素导致的。李骏、顾燕峰(2011)依据户口类别和户口所在地将上海的劳动力市场分为本地城镇户口、本地农村户口、外地城镇户口和外地农村户口四种类型，比较了他们在就业结果上的差异以探讨户籍身份如何决定个体的就业结果。研究结果显示，户籍身份使得不同劳动力在部门类型、职业类型和收入三个方面都产生一种不公平的制度排斥现象。陈云松、张翼(2015)利用2011年CGSS和相关城市统计数据分析了农业户籍流动人口与城镇户籍人口的社会融合问题，结果表明在收入上两者无明显差异，但在社会保险、行为、心理和身份四个方面前者均显著低于后者。两者之间的不平等促使原有的城乡二元结构转化为城镇内部流动人口与户籍居民的新二元结构。

二、户籍制度与子代教育获得研究

近年来，关于户籍制度的研究多是集中于户籍对劳动力市场上的歧视和城乡二元结构的影响，且研究对象以当代流动人口为主。(比如：陆益龙，2008；李骏、顾海峰，2011,；陈云松、张翼，2015；王春超、佘诗琪，2017等)。但实际的情况是，户籍制度不仅是当代人口流动和迁移的“桎梏”(彭小辉、史清华、朱喜，2013)，更会通过代际传递效应，影响到子代教育的获得。

教育对一个国家、民族和个人都具有重要的意义，高等教育更是有利于农村居民突破户籍限制(Deng & Gustafsson，2006；赵西亮，2017)，享受与城镇居民对等的权利。许多学者考察了二代教育的影响机制，多是从家庭因素方面来进行分析论证。李春玲(2003)利用全国抽样调查数据考察了制度性因素和政策性因素制约下家庭因素对教育获得的影响，认为家庭因素对子代教育获得的影响会随着政府对教育资源分配的政策的变化而发生变化，并且更能反映政府如何调整之前的制度来适应新的社会经济环境。当然，也有学者探讨了户籍与子代教育之间的关系，比如：吴霓(2011)对进城务工人员随迁子女异地中考政策进行了研究，发现异地中考政策推行存在的障碍与当前的教育资源配置、户籍制度、高考制度、教育评价体系密切相关，各城市基本上只以户籍人口为依据来配置高中阶段的教育资源，这种政策安排酿成了地区分割的后果，因而流入地城市的发展成果难以惠及到进城务工人员随迁子女。同样，褚启宏(2015)在城镇化进程中的教育变革中，提到了“两为主”政策的实施，保证了农民工随迁子女接受了以公办学校为主的义务教育，但只解决了农民工随迁子女在流入地接受义务教育的问题。此外，通过分析关于我国大学生群体的系列研究，也会发现家庭背景会影响到就读学校的类型层次或教育的质量(文东茅，2005；叶晓阳、丁延庆，2015)。总之，现有的涉及到父代户籍身份变化对子代教育影响的文献较少，即使研究了子代教育差异的现状，但考虑的群体也比较单一。

三、户籍与子代教育政策文件梳理

深入推动新型城镇化。让中心城市带动城市群的发展，做好农业转移人口的落户工作，推动常住人口能够享受到城镇基本公共服务①，是政策制定者关注的热点(刘精明，2008)。20 世纪 80 年，我国开始了户籍制度改革探索，但直到 90 年代后期，户籍制度才出现了实质性的松动。

2001 年颁布的《国务院批转公安部关于推进小城镇户籍管理制度改革意见的通知》中，就提到了经批准在小城镇落户的人员，在入学、参军、就业等方面与当地原有城镇居民享有同等权利，履行同等义务，不得对其实行歧视性政策，但其中涉及的仅是流动人口当代的影响，并没有考虑到子代教育获得的问题；2012 年的《国务院办公厅关于积极稳妥推进户籍管理制度改革的通知》中，就明确提出要有针对性地完善相关制度，下大力气解决外来人口当前在劳动报酬、子女上学等政策措施，不要与户口性质挂钩，政府开始关注外来人口的子女教学问题；2012 年发布了《关于做好进城务工人员随迁子女接受义务教育后在当地参加升学考试工作的意见》，但从实际执行效果来看，流入地设置了相当严格的条件，而且一些地区的普通中等和普通高等教育并没有完全开放，形成的是不完整的教育体系和教育机会不公平的局面。2013 年《中共中央关于全面深化改革若干重大问题的决定》中就规定，大力促进教育公平，健全家庭经济困难学生资助体

① 《2019 年政府工作报告》。

系，逐步缩小区域、城乡、校际差距，统筹城乡义务教育资源均衡配置。表明我国对教育公平的重视，力促城乡教育差距的缩小，缓解户籍制度带来的教育资源配置不均的状况，促进教育资源的均衡配置。2014年我国又颁布了《国务院关于进一步推进户籍制度改革的意见》，明确指出要保障农业转移人口及其他常住人口随迁子女平等享有受教育权利，将随迁子女义务教育纳入各级政府教育发展规划和财政保障范畴。

户籍制度的不断改革，着力点和突破方向在于打破现有利益格局的局面，配套教育医疗、社会保障等建设工作，妥善解决好"人户分离"存在的问题，促进教育的均衡发展。已有的户籍制度改革的政策文件和研究文献中，都涉及了子代教育获得的内容。鉴于此，本章研究探讨户籍制度对子代教育的影响就具有一定的理论和现实意义。

四、户籍制度对子女教育获得影响研究的评述

通过对户籍分层与子代教育文献及政策的梳理，本章总结出以下几个方面的特点：首先，在个人地位获得方面，已有的研究提供了较为系统的理论分析，随着研究的推进和纵向数据库的开放，对于个人地位获得的代际和时间趋势的研究逐渐增多，教育也逐渐加入个人地位声望的衡量指标。其次，研究对象更加细致，研究内容逐渐深入，由流动人口到农民工子女，由城乡分割到城市内部分割，并且在家庭结构、社会因素的基础上加入细分的制度因素。最后从公共服务作用来看，既有文献多重点关注宏观层面的政府公共支出，并不能准确衡量个体所面临的公共服务机会，如傅勇(2010)使用公共服务质量指标讨论义务教育服务的供给，卢洪友等(2012)从"投入""产出"和"收益"三个维度衡量省际间的公共服务供给状况。卢盛峰和陈思霞(2014)使用CHNS的微观层面公共服务数据研究居民幸福感，这为本章从微观层面研究社区公共服务指数提供有益的借鉴。

总的来说，在户籍制度不断改革和城镇化进程不断推进的背景下，我国的户籍制度与教育公平问题具有很重要的研究价值并且具有典型意义。已有文献从政治变迁、制度变革和家庭内部等角度进行了大量有价值的理

论和实证方面的研究，并取得了丰富的研究成果。这些研究成果对于本章的户籍制度歧视作用有很好的借鉴作用，但在内生性的处理以及公共服务机制的探讨上，既有文献并没有进行有效处理。因此，在户籍细分基础上对子代教育状况及其获得的探讨仍然需要进行深度的研究。

本章的研究旨在说明，在我国，子代教育获得至少在一定程度上不是由父代教育或职业以及结构性差异导致的。已有的文献把子代教育差异解释为个人努力等后致性因素(例如：Blau、Duncan，1967)；或父代的教育代际传递(Hellerstein & Morrill，2015；Kramarz & Skans，2016)；或认为是迁移的选择性(Kao & Tienda，1995，Hao & Woo，2012)；或家庭人力资本的投资的结果(杜凤莲，2014)，较少从户籍的制度环境因素来研究子代教育获得上的状况。鉴于此，本章将父辈户籍身份作为户籍制度的政策解释变量，利用双重差分方法研究户籍身份歧视及长期经济影响。为避免样本选择偏误，在考察新市民与流动群体户籍身份影响时，采用倾向得分匹配法对两类群体获得户籍情况进行匹配，稳健性检验表明本章的实证结果较为稳健。此外，本章使用有序 Probit 模型考察了户籍身份对子代不同教育水平的影响，户籍歧视的作用机制，社区公共服务(教育、医疗、住房等服务)的作用。基于实证分析结果，本章提出促进教育公平、减弱户籍制度影响，加快户籍制度及相关配套改革、加速推进城乡基本公共服务均等化建设、加大教育资源投入保障教育公平的政策建议。本章剩余部分的研究思路为，首先，建立户籍制度对子代教育获得作用实证分析模型，然后采用 DID、PSM 方法进行实证回归和机制分析，最后提出相应的政策建议。

第二节　户籍制度的识别策略和计量模型

一、户籍制度作用的实证分析策略

评估户籍制度尤其是以父辈而非子代自身的户籍身份对子代教育获得的影响会面临许多实证统计方面的难题，以往文献大多利用截面数据直接来对比城乡子代教育获得差异，但这些文献的最大的不足之处是难以控制遗漏变量从而导致系数估计偏误，降低了结论的可靠性和外推性。而且，父代户籍身份的转变还可能面临着选择性问题。根据户籍管理制度，“农转非”有如下两种方法：一是政策性渠道，如通过统一的居民户口登记制度、“村改居”等政策转变户籍身份；另一种是自致渠道，包括以下几种方式：所在工作单位有集体户口并且单位同意迁入，个人在居住地购买房产且符合户口迁入条件，升学后户口迁入学校等，获得党员、干部和军人身份也会大大增加享有“农转非”的几率。由于父辈获得城镇户籍的概率与其自身的能力或家庭社会经济地位有关，而这些因素有可能进一步影响子代的教育获得，使得实证结果是有偏的。为了解决这个问题，一些文献使用了固定效应模型、倾向得分匹配法、工具变量法等，但这些文献多数采用截面数据，而且只能缓解以上潜在问题的某一方面。

为减弱此类内生性问题，得益于巨大的样本量，本章首先使用双重差分面板固定效应模型控制时间效应和个体效应。其次在回归模型中对既可能影响父代获得城镇户籍的概率又影响子代教育成就的因素进行了细致的控制。具体来说，这些因素分为以下四大类：第一类是个体基本特征。具体包括父代的年龄、年龄平方项(代表工作经验及其平方)、婚姻状况、性别、教育年数和教育水平；第二类是工作特征具体包括父代的职业类型和单位类型；第三类是家庭收入及支出，包括家庭总收入、家庭总支出和人均收入；第四类是省级固定效应，包括户口所在地的12个省份哑变量。此外还增加了父代在子代看护方面的时间信息。

除了在初步估计结果中尽可能多地控制了调查数据中有的微观个体信息，有效减少遗漏变量导致的回归系数估计结果偏误，但仍有可能存在变量控制不完全导致的内生性问题，因此本章采用倾向得分匹配法对回归结果进行控制，并使用偏差校正匹配和DID-PSM进行稳健性检验以使回归结果更加可靠。

二、户籍制度作用的实证分析模型

本章在双重差分模型的理论基础之上，结合教育经济学中常用的

Mincer 收入方程构建了实证计量模型，考虑个体和时间特征，本章依据时间固定效应和个体固定效应得到双向固定效应。经典的 Mincer 工资方程，依据个体的受教育年限，加入劳动力市场的时间，以及工作年限的平方项来表示学校教育和完成学校教育之后在劳动力市场中的工作年限作为人力资本投资的衡量，并用这种投资来解释个人一生的收入。借鉴明瑟工资方程，本章将考察户籍因素对子代教育获得的影响。对明瑟工资方程进行变形，得到基本实证模型为：

$$\ln(edu\_2_{i,t}) = A_i + B_t + \beta_1 HK_{i,t} + \gamma X_{i,t} + \varepsilon_{i,t},$$
$$i = 1, \cdots, N;\ t = 1993, \cdots, 2011 \tag{3.1}$$

方程(3.1)中，$\ln(edu\_2_{i,t})$ 表示子代 i 在所有 t 时期的最高教育年数的对数。A_i 代表个体固定效应，表示不随时间改变的其他要素造成的扰动。B_t 为时间效应，本章选取的观察时间是 1993—2015 年对应的时间虚拟变量为 B_2，B_3，…，B_7，（按照虚拟变量设置规则 1993 年被去掉）。$HK_{i,t}$ 是个体 i 的父母在 t 时期的户籍身份状态，在本章中依据不同户籍类型，$HK_{i,t}$ 的取值表示不同的含义，但均为二值变量。$X_{i,t}$ 表示除父母户籍之外的其他影响子代教育水平的控制变量。实证模型中所包含的控制变量包括父子代的年龄及年龄平方、父辈婚姻状况、父辈教育年数、子代性别、家庭收入和社区指数等。另外，被访者的职业和工作单位也会对子代的教育产生影响，因此也被纳入该模型中。本章将职业分为白领、工人、服务人员和农民等；将单位类型分为公共部门和非公共部门两类。

为了考察户籍制度的作用机制，本章以居民所享受到的社区公共服务指数来度量公共服务政策，在基础实证模型中增加了户籍身份与不同类型社区公共服务指数的交互项，即在(3.1)式的基础上得到(3.2)式，其中，$index_{i,t}$ 代表不同的社区公共服务指数，如教育服务指数、医疗服务指数、交通指数服务等。

$$Ln(edu\_2_{i,t}) = A_i + B_t + \beta_1 HK_{i,t} + \beta_2 HK_{i,t} \times index_{i,t} + \gamma X_{i,t} + \varepsilon_{i,t}$$
$$i = 1, \cdots, N;\ t = 1993, \cdots, 2011 \tag{3.2}$$

其次，本章采用了倾向得分匹配法来估计平均处理效应。选择协变量

X_i，通过查阅文献尽量将可能影响父母转变户籍身份的相关变量设定为协变量 X_i，如收入、教育水平、职业和单位类型等，以满足条件独立性。接着，估计倾向得分，即在个体处于给定协变量 X_i 的情况下计算出成为实验组的概率。在计算倾向得分时，本章采用 Logit 模型，方程如下：

$$p(X) = p(\text{Treat} = 1 \mid X) = \frac{\exp(X'\beta)}{1 + \exp(X'\beta)} \tag{3.3}$$

依据倾向得分进行倾向得分匹配。若倾向得分估计得比较准确，那么应使得 X_i 在匹配后的实验组和控制组之间分配比较均匀，若"数据平衡"检验不通过，那么应改变匹配方法或者重新估计倾向得分。依据匹配后的样本计算平均处理效应。

最后，Ordered probit 模型依据可以观测的有序数据变量来反映和研究不可观测的潜在变量 y^* 变化规律的方法。与普通的 OLS 回归模型不同的是，该模型中的数字只是反映一种等级间的差异，数字间的差值并没有实质意义。$\varepsilon \sim N(0, 1)$ 即观测样本相互独立且具有正态误差。依据 Ordered probit 理论模型，本章针对研究对象设置如下形式的实证模型：

$$\text{edu\_2a}_{i,t}^{*} = \beta_0 + \beta_1 HK_{i,t} + \gamma X_{i,t} + \varepsilon_{i,t},$$
$$i = 1, \cdots, N;\ t = 1993, \cdots, 2011 \tag{3.4}$$

其中 $\text{edu\_2a}_{i,t}^{*}$ 为个体 i 最高教育水平所处层级，在本章中依据子代受教育水平并结合已有文献，将受教育水平划分为不同等级，具体划分类型在回归结果中进行详细说明。$HK_{i,t}$ 表示个体 i 的父母在 t 时期的户籍状态，$X_{i,t}$ 为影响子代教育获得的其他控制变量。

第三节　户籍制度效应的经验分析

一、数据来源与变量处理

本章数据来源于中国健康与营养调查（China Health and Nutrition Survey，CHNS），该数据库是由北卡罗来纳大学人口研究中心、美国国家营养与食物安全研究所、中国疾病与预防控制中心及中国营养与食品安全研究所联合开展的调查项目。本章选取了 1991 年、1993 年、1997 年、2000 年、2004 年、2006 年、2009 年、2011 年、2015 年以及最新的 2018 年十次调查数据，调查范围主要覆盖以下省份，江苏、山东、北京、上海、辽宁、黑龙江、河南、湖北、湖南、重庆、广西和贵州共 12 个省份，囊括了中国的东、中、西部地区，具有较强的代表性。

CHNS 数据库的调查采用的是多阶段整群抽样方法，首先是依据一定的权重在当年所调查的省份内部随机抽取 4 个县，然后再在所抽取的县内部抽取镇，进一步依据所抽取镇的内部按照收入情况抽取 3 个村，最后将所抽取的村内部依据收入分层抽取 20 户作为农村调查的样本点。由于这种抽样方法会覆盖高、中、低收入水平的城镇、农村的不同收入水平的人群，因此，能较好的克服样本选择的偏差问题。调查问卷分为成人、社区、住户、儿童和膳食等几个部分，涉及收入状况、教育水平、年龄、职业、婚姻、户籍健康状况等一系列社会人口学信息，同时在住户调查表中详细地记录了家庭成员之间的关系。正是因为这个数据库提供了详尽的家庭关系信息、特别是长期跟踪数据使得我们能够追踪到样本的户籍性质的变化、样本的时间跨度、子女教育、职业的详尽信息等，鉴于此，本章通过调查年份、居民户编号和居民个人编号将“成人调查”“住户调查”和“社区调查”三个数据库联系起来，通过家庭成员关系匹配得到父辈和子辈配对资料从而可以得到实证分析的原始多维度的数据资料。

(一)指标体系构建

父代户籍是本研究的核心变量，依据问卷，城镇取值为 1，农村取值为 2。将调查点位于城市和调查点位于农村的第一、二县区都作为城镇样本来处理，取值为 1；其余为农村，取值为 2。本章关注的城镇化进程中与居民户籍和居住地变化有关的四类性质的父代样本，分别为城镇本地、新市民、流动人口和农村本地。为了避免该样本为短暂流动人口的情况，研究中确认居住地的方法是至少两个调查周期样本均居住在城镇或者农村地区者才确认该样本的居住地点是城镇或者农村，因此确保每个样本至少有两期的信息。CHNS 数据从 1993 年开始才包含了户籍的信息，而且是中共“十四大”确立社会主义市场经济体制改革导向的第一年，劳动力市场得以开始真正运作，因此本章选择 1993 年、1997 年、2000 年、2004 年、2006 年、2009 年、2011 年和 2015 年进行的共 8 轮次调查作为数据来源。如果父代样本的户籍和居住地均一直为城镇，则将该样本作为城镇本地；如果父代样本的户籍和居住地均一直为农村，则将该样本作为农村本地；如果父代样本的户籍一直为农村，居住地一直为城镇，则将该样本作为流动人口；如果父代样本的户籍从农村变为城市且后续调查年份一直为城市户籍，居住地一直是城镇，则将该样本作为新市民。

在个人收入和家庭收支方面，本章使用 2015 年的消费价格指数对调查家庭的收支情况进行了处理。由于考察对象是主要是城镇劳动力的子代所面临的户籍歧视问题，因此本章中城镇人口、新市民和流动人口这三类群体的收入仅包含工资性收入和非农经营收入，不包括农业经营收入和其他收入；而农村人口的收入包含所有性质的收入，这与余向华、陈雪娟（2012）对收入的处理相一致。子代收入包括所有性质的收入，同样依据 2015 年消费价格指数对个人收入数据进行了处理。除此之外，本章将个人收入和家庭收支数据均取对数，以使数据更加平稳。

在子代教育方面，本章使用的教育变量为个人的受教育年限，同时为了保证调查样本受教育信息的真实可靠，避免调查中的数据录入差异，本章对样本的缺失和明显错误之处进行了必要的修正，并将个人受教育年限换算于 0~21 之间。依据教育部的有关规定，本章将受教育水平划分为五个等级，分别为文盲即受教育年限为 0；小学水平即受教育年限在 1~6 年之间，通常为处于小学阶段教育水平；初中水平即受教育年限在 7~9 年之间；高中水平即受教育年限在 10~15 年之间，包括普通高中和中等技术学校；高等教育即受教育年限在 16~21 之间，包括大学及以上学历。由于本章研究子代的教育获得情况，因此删除子代目前尚在上学的样本。

在职业方面，本章比较了各种职业的职业地位。工人阶层包括技术工人或熟练工人、非技术工人或熟练工人，由于该职业阶层专业性与白领阶层相比较弱，收入水平较低，职业地位低于白领阶层。在我国，服务人员这一职业阶层是随着市场经济的完善和第三产业的发展而逐渐兴起的，但由于其专业性和收入水平低于工人阶层，职业声望相对较低，职业地位排名较后。农民阶层因其受教育水平较低，收入水平低，我们将其作为职业地位最低的阶层。职业社会地位从高到低依次为白领、工人、服务人员和农民。此外，还将父子代的工作单位类型分为公共部门和非公共部门两类，非公共部门取值为0，公共部门取值为1。其中，公共部门包括政府机关、国有事业单位和研究所、国有企业和县、市、隶属于省的大集体。非公共部门包括隶属于乡镇的小集体、农业、个体私营企业和三资企业。

在公共服务指数方面，与户籍挂钩的社会福利包括教育资源、住房保障、医疗、就业福利、社会保障等，本章根据社区公共服务供给状况来识别个体获得的公共服务机会，因此本研究所采用的社区公共服务指数很好地概括了附着在户籍之上的各项社会公共福利。

（二）变量的描述性统计

在对子代教育获得情况进行实证分析之前，本章先对处理后的CHNS数据中的四类群体的基本特征进行描述性分析，以在整体上对子代受教育情况进行明晰地把握。表3-1对四类群体的一些基本情况进行了描述性分析，可以对比了解以户籍划分的不同群体父代、子代和家庭的基本特征。总体来看，最终分析的样本覆盖了居民的教育、年龄、收入、性别、职业、社区公共服务指数、调查时间和地区等多维度数据，具有广泛的代表性。

从父辈年龄来看，四类群体年龄均值相差不大；从父代的教育水平来看，不管是父亲的教育水平还是母亲的教育水平，整体上城镇本地群体高于新市民群体，新市民高于流动人口；从父母亲的职业来看，均呈现出从农村到城镇群体逐渐增加的趋势。从子代特征来看，子代教育水平，不仅表现出从城镇到农村呈递减的趋势；而且差距也越来越小；从子代收入和职业来看，新市民子代的收入是四类群体中最高的，而城镇本地子代的职业是四类群体中最高。从家庭特征来看，城镇本地的家庭收入是四类群体中最高的，而农村本地的家庭支出却是四类群体中最高的。社区指数也呈现出从城镇到农村的递减趋势等。

表 3-1 变量的描述性统计(以父代户籍身份划分)

户籍身份	城镇本地			新市民			流动人口			农村本地		
	N	均值	标准差	N	均值	标准差	N	均值	标准差	N	均值	标准差
父代特征:												
父亲年龄	4323	50.99	13.48	255	47.02	13.10	5991	45.83	12.46	5068	44.62	11.53
母亲年龄	4716	51.31	14.70	315	48.68	15.90	7129	45.93	13.80	5887	44.94	13.20
父亲教育	4047	9.90	4.88	245	7.80	3.51	5844	6.47	3.49	4957	6.80	3.25
母亲教育	4374	7.69	5.32	308	4.65	4.56	6863	4.37	3.85	5720	4.17	3.80
父亲职业	2725	2.19	0.83	185	1.61	1.04	5255	0.46	0.88	4586	0.41	0.85
母亲职业	1967	2.02	0.90	175	0.83	1.00	5387	0.19	0.59	4651	0.18	0.57
子代特征:												
子代年龄	9051	22.53	12.82	570	21.26	13.30	13137	18.15	11.43	10959	17.29	10.93
子代性别	9051	0.38	0.49	570	0.37	0.48	13139	0.37	0.48	10959	0.38	0.49
子代教育	7033	11.34	4.64	484	9.14	4.50	10784	7.34	3.48	8866	7.19	3.47
子代婚姻	7684	0.34	0.47	480	0.34	0.48	10836	0.25	0.43	8830	0.21	0.41
子代收入	4346	9.15	1.04	253	9.18	1.21	5298	8.14	1.49	4254	8.15	1.44
子代职业	4417	2.15	0.83	264	1.82	0.96	5835	0.83	1.03	4665	0.74	1.01
子代营养信息	7972	5.34	0.40	519	5.34	0.42	10665	5.26	0.45	8967	5.26	0.44
子代体质指数	7621	20.93	4.45	473	19.88	3.86	10096	19.73	19.85	8326	19.00	3.70
子代锻炼偏好	3026	3.83	1.56	167	3.61	1.04	2534	3.78	1.64	1904	3.72	1.61
家庭特征:												
家庭收入	8951	10.14	1.00	567	10.13	1.00	12877	9.56	1.03	10720	9.55	1.01
家庭支出	2011	7.67	1.96	301	7.45	1.58	12151	7.88	1.17	10305	7.95	1.12

续表

户籍身份	城镇本地			新市民			流动人口			农村本地		
	N	均值	标准差	N	均值	标准差	N	均值	标准差	N	均值	标准差
社区指数	9013	4.32	0.19	569	4.15	0.30	13132	3.74	0.33	10954	3.77	0.32
照顾子代信息	1767	6.79	43.43	89	17.85	35.20	2608	6.51	42.78	2170	4.59	41.73
东部地区	9051	0.47	0.50	570	0.61	0.49	13139	0.35	0.48	10959	0.27	0.45
中部地区	9051	0.34	0.47	570	0.31	0.47	13139	0.29	0.45	10959	0.41	0.49
西部地区	9051	0.19	0.39	570	0.07	0.26	13139	0.36	0.48	10959	0.32	0.47

由于子代在各调查年份的平均受教育年限不能完全反应子代受教育程度的情况，表3-2是子代在各调查年份最高教育水平的分布统计。本章将父代和子代的受教育情况划分为五个层次，由低到高依次为：文盲取值为0、小学取值为1、初中取值为2、高中取值为3、高等教育取值为4。从统计结果可以看出，随着时间的推移，文盲和小学水平所占比例呈下降趋势，高中和高等教育水平呈上升趋势。

表3-2　　　　**子代最高教育水平分布统计**

年份＼子代学历	文盲	小学	初中	高中	高等教育
1993	4.08%	38.77%	42.52%	13.16%	1.47%
1997	4.82%	35.06%	41.20%	16.65%	2.26%
2000	2.54%	28.26%	46.98%	18.14%	4.07%
2004	1.30%	23.54%	45.40%	23.46%	6.31%
2006	3.11%	20.64%	39.46%	26.38%	10.42%
2009	1.99%	14.73%	44.53%	27.18%	11.58%
2011	2.77%	8.52%	34.98%	32.50%	21.24%

表3-3是当父母为城镇本地、新市民、流动人口和农村本地时其子代

最高教育层级的分布。从数据的统计性描述来看，父代的户籍类型与子代的最高教育水平分布有内在关系，不管是父亲还是母亲，户籍性质越偏向城镇，子代教育水平所处层级就越高；越偏向农村，层级就越低。不同群体内部，父亲和母亲户籍性质对子代的教育影响不同，同为新市民群体，母亲对子代的教育影响大于父亲对子代的教育影响，而其他三类群体中都是父亲影响较大，具体情况仍需要进行进一步深入实证分析。

表 3-3 **子代教育层级户籍差异分布**

子代学历 / 父代户籍身份	文盲	小学	初中	高中	高等教育
城镇本地：					
父亲	1.87%	11.13%	29.54%	39.78%	17.68%
母亲	2.40%	12.87%	28.57%	35.03%	21.13%
新市民：					
父亲	4.36%	18.69%	46.42%	24.30%	6.23%
母亲	2.45%	22.70%	35.58%	26.38%	12.88%
流动人口：					
父亲	3.62%	31.48%	50.90%	12.62%	1.38%
母亲	4.69%	39.91%	44.31%	9.27%	1.82%
农村本地：					
父亲	3.13%	35.54%	47.34%	12.46%	1.53%
母亲	4.94%	38.78%	44.60%	10.86%	0.82%

表 3-4 是四类群体享受到的其所在社区不同类型公共服务指数的统计分析及检验，与既有文献中使用的宏观性政府公共服务支出数据不同，本章使用微观层面的社区公共服务指数数据，很好地体现特定个体享受的公共服务状况。从各社区公共服务指数横向对比来看，城镇本地群体和新市民群体两者享受到的医疗服务指数均是所有社区公共服务指数中最高的，

前者为8.81，后者为7.65；流动人口中健康服务指数是其享受到的社区公共服务指数中最高的，为4.76；农村本地群体中运输服务指数是其享受到的社区公共服务指数中最高的，为4.74。

表3-4　　　　居民间社区公共服务指数统计分析及检验

社区公共服务指数	均值				差异显著性		
	城镇本地	新市民	流动人口	农村本地	城镇—新市民	新市民—流动	流动—农村
教育服务指数	4.31	3.02	2.39	2.37	-20.07***	-19.22***	-1.24
医疗服务指数	8.81	7.65	3.83	4.05	-16.25***	-35.5***	6.65***
健康服务指数	7.01	6.45	4.76	4.52	-6.91***	-17.7***	-8.56***
住房服务指数	8.17	7.17	4.21	4.30	-11.04***	-29.03***	3.16**
经济服务指数	7.35	5.85	3.14	3.06	-12.35***	-24.30***	-2.56
通信服务指数	6.05	5.81	4.33	4.27	-4.29***	-21.01***	-2.83**
运输服务指数	6.69	6.27	4.58	4.74	-4.79***	-14.77***	5.1***
市场服务指数	6.71	5.68	3.79	3.86	-8.35***	-13.13***	1.49

注：依据1993—2015年CHNS数据库整理而得，差异显著性检验为T检验；
*、**和***分别代表T检验在10%、5%和1%水平上显著。

第四节　父代户籍对子代教育获得的实证估计

在表3-5中，首先将样本分为父亲样本和母亲样本，通过OLS模型，控制了父代职业和时间固定效应，分别考察父亲和母亲户籍对子代教育获得的作用。为了减少样本选择偏差带来的影响，本章在数据处理上，在父代和子代的年龄差控制在16~50岁之间；剔除了户籍变化之前、人口流动之前子代已经完成教育的样本；剔除了目前还在上学的样本，以更好的评估父代户籍对子代教育获得的作用。由表3-5可知，从父亲样本来看，父

表 3-5　**分样本估计四类群体子代教育获得的基础回归模型**

因变量 子代教育年数	(1)—(4)父亲样本				(5)—(6)母亲样本			
	(1) 城镇— 农村	(2) 新市民— 农村	(3) 流动人口 —农村	(4) 城镇— 新市民	(5) 城镇— 农村	(6) 新市民— 农村	(7) 流动人口 —农村	(8) 城镇— 新市民
父代户籍性质	1.1081***	1.0253**	0.7659***	−0.4311	1.0998***	0.7315*	0.4178*	−0.5893
	(0.1939)	(0.4079)	(0.1940)	(0.4234)	(0.2417)	(0.3968)	(0.2245)	(0.4222)
父代教育	0.1575***	0.1522***	0.1598***	0.1399***	0.0850***	0.0900***	0.0884***	0.0806**
	(0.0202)	(0.0228)	(0.0232)	(0.0385)	(0.0199)	(0.0213)	(0.0221)	(0.0401)
子代年龄	0.4607***	0.4263***	0.4303***	0.4810***	0.4776***	0.4309***	0.4393***	0.5448***
	(0.0157)	(0.0173)	(0.0175)	(0.0338)	(0.0179)	(0.0191)	(0.0197)	(0.0382)
父代年龄	−0.0208*	−0.0235*	−0.0243*	0.0369	−0.0344**	−0.0277*	−0.0315**	0.0046
	(0.0121)	(0.0132)	(0.0133)	(0.0284)	(0.0147)	(0.0156)	(0.0160)	(0.0336)
父代收入	0.2083***	0.1958***	0.2067***	−0.0206	0.2476***	0.2477***	0.2662***	0.1241
	(0.0626)	(0.0655)	(0.0663)	(0.1587)	(0.0702)	(0.0712)	(0.0749)	(0.1498)
个体固定效应	是	是	是	是	是	是	是	是
时间固定效应	是	是	是	是	是	是	是	是
N	2077	1672	1579	591	1845	1617	1514	437
R^2	0.6584	0.5899	0.5908	0.7360	0.6349	0.5781	0.5728	0.7782

注：括号内为标准误，*、**和***分别代表在 10%、5%和 1%水平上显著。

亲为城镇户籍的子代比父亲为农村户籍的子代的教育年数要长 1.1081 年，并在 1%的水平上显著；当父亲户籍由农村变为城镇时，子代的教育年数在 5%的显著水平上延长 1.10253 年；父亲在城镇居住但户口在农村，子代的教育年数在 1%的显著水平上延长 0.7659 年；但父亲户籍为城镇与父亲户籍由农村转变为城镇相比，对子代教育的影响并不显著。同样，从母亲的样本来看，得到同样的效果，父亲为城镇户籍或由农村户籍转变为城镇户籍或生活在城镇但户口在农村时，对子代的教育年数均有显著的正向影响。从回归系数大小来看，父亲为城镇户籍>新市民>流动人口，而父亲为城镇户籍与新市民对子代教育无显著影响，父代户籍的差异对子代教育是有重大影响的。从其他的控制变量来看，父代的教育程度对子代教育均有显著的影响，这与大多数学者论证的教育的代际传递想契合；此外，父代的收入总体上也会显著影响子代的教育程度。

与表 3-5 不同的是，表 3-6 是将父亲和母亲的样本整合在一起，从总体上来考察父代户籍对子代教育的影响，使得本章的研究更加充分。表 3-6 反映的是父代户籍身份不同对子代教育获得的面板固定效应回归结果，被解释变量为子代最高教育年数。其中 A 组的回归中没有加入相关控制变量，虽然 R^2 很低，但可以看出父代户籍身份对子代的教育在四个模型中均有显著影响，都在 1%的水平上显著，其中城镇的子代相较于农村的子代在教育获得上优势最为明显。

B 组与 A 组的区别在于 B 组的回归中加入了系列控制变量。由表 4-5 可知，第(1)列是城镇本地群体与新市民群体的对比，在控制年龄、性别、婚姻状况和职业等变量后，父代户籍身份对子代教育获得的影响不显著。新市民由农村迁移到城市，并在城市获得户籍，其子代可以同城镇子代一样享受附着在户籍之上的教育资源等社会福利，受到户籍制度的影响较小。第(2)列是新市民群体和流动群体子代教育情况的对比，同样在控制其他变量后，可以从看出父代户籍身份对子代最高教育年数有正向影响，且在 1%的水平上显著。新市民和流动人口都是从农村流动到城市的群体，但不同的是新市民群体获得了城市户籍，流动人口仍然是农村户籍。具体来说，新市民的子代比流动人口的子代会在最高教育年数上占有 146%（$e^{0.903}-1$）的优势。第(3)列是流动人口与农村本地的对比，同(1)一样，户籍身份对子代的最高教育年数并没有显著影响。流动人口虽然生活在城市，但并没有取得城市户籍，也就无法享受配套的公共服务资源。第(4)列是城镇与农村的对比，可以看出，父代户籍身份这个变量对子代最高教育年数有正向影响，且在 1%的水平上显著。即单就户籍身份而言，城镇户籍的子代比农村户籍的子代更具有优势。值得注意的是，(4)中户籍变量的系数是 1.164，比(2)中的 0.903 高 0.261，即城镇和农村之间因户籍制度产生的差异大于新市民和流动人口之间因户籍制度产生的差异，原因不仅在于户籍所带来公共服务资源的差异，还可能是城乡区域之间经济、社会等发展的不均衡。

表 3-6　　**总样本估计四类群体子代教育获得的面板回归模型**

被解释变量：子代教育年数	(1) 城镇—新市民 (新市民=0)	(2) 新市民—流动 (流动=0)	(3) 流动—农村 (农村=0)	(4) 城镇—农村 (农村=0)
解释变量：				
A 组(NO CONTROLS)				
父代户籍身份	2.199***	1.806***	0.143***	4.148***
	(0.212)	(0.207)	(0.0498)	(0.0665)
时间虚拟变量	YES	YES	YES	YES
观察值	7517	11268	19650	15899
R-squared	0.013	0.011	0.000	0.207
B 组(WITH CONTROLS)				
父代户籍身份	0.0950	0.903***	-0.0264	1.164***
	(0.203)	(0.194)	(0.0443)	(0.111)
父代年龄	0.133**	0.114***	0.0875***	0.0783***
	(0.0616)	(0.0325)	(0.0238)	(0.0295)

续表

被解释变量： 子代教育年数	(1) 城镇—新市民 (新市民=0)	(2) 新市民—流动 (流动=0)	(3) 流动—农村 (农村=0)	(4) 城镇—农村 (农村=0)
父代年龄平方	-0.159**	-0.151***	-0.122***	-0.105***
	(0.0631)	(0.0346)	(0.0258)	(0.0318)
父代婚姻状况	0.362	0.428	-0.0258	-0.364
	(0.540)	(0.291)	(0.245)	(0.347)
父代教育年数	0.152***	0.111***	0.0943***	0.120***
	(0.0147)	(0.00971)	(0.00676)	(0.00839)
父代职业类型	0.101	0.0997**	0.187***	0.237***
	(0.0766)	(0.0502)	(0.0369)	(0.0458)
父代单位类型	0.377**	-0.0661	-0.130*	-0.0494
	(0.174)	(0.0958)	(0.0718)	(0.0968)
子代年龄	1.149***	0.767***	0.759***	0.906***
	(0.0697)	(0.0236)	(0.0167)	(0.0255)
子代年龄平方	-1.748***	-1.208***	-1.201***	-1.414***
	(0.167)	(0.0534)	(0.0380)	(0.0589)
子代性别	0.638***	0.172***	0.139***	0.376***
	(0.109)	(0.0645)	(0.0465)	(0.0605)
子代体质指数	-0.0469**	0.0341**	0.0438***	-0.0107
	(0.0207)	(0.0134)	(0.00974)	(0.0127)
家庭年收入	0.298***	0.275***	0.225***	0.188***
	(0.0753)	(0.0359)	(0.0284)	(0.0388)
地区变量	0.198***	-0.0160	0.128***	0.380***
	(0.0713)	(0.0411)	(0.0307)	(0.0408)
时间虚拟变量	YES	YES	YES	YES
观察值	2902	6480	11544	7966

注：(1)括号内为标准误，*、**和***分别代表在10%、5%和1%水平上显著；(2)回归结果控制时间和个体固定效应，地区变量以西部地区为基准。

同样，为了更好地区分父代户籍的影响，本章将采用面板回归的方法分样本研究父代户籍变化对子代教育的影响。得到的结果与表 3-5 一致。表 3-7 是分样本估计四类群体子代教育获得面板回归模型。由表可知，无论是父亲样本还是母亲样本，在子代教育影响上，父代有户籍差异的要显著高于父代没有户籍差异的。父亲户籍不同，就会面临着不同的资源配置和利益分配的局面（陆益龙，2008），城镇居民享有更多的教育资源投入，在教育的获得上具有相对的优势（谢桂华，2014），而户籍发生变化的家庭，经济状况要优于农村家庭，在教育上的人力资本投资更多。以往分析户籍与子代教育之间的关系多是停留在义务教育的阶段（吴霓，2011；褚启宏，2015），鉴于此，本章进一步分析了父代户籍身份对子代接受高中教育的影响。

表 3-8 反映的是四类群体子代接受高中教育可能性的影响，采用的面板回归模型并加入了父代职业的个体固定效应和时间固定效应。由表 3－8 可知，从父亲样本来看，父亲为城镇户籍相比农村户籍而言，子代的接受高中教育的可能性要高 0. 1196，并在 1%的水平上显著；当父亲户籍由农村转变为城镇时，子代接受高中教育的可能性在 1%的显著水平上提高了 1. 1422；当父亲生活在城镇但户口在农村时，这一可能性只在 10%的显著水平上增加了 0. 0406。同样，从母亲的样本来看，得到了回归效果相类似，对应的回归系数分别为 0. 1685、0. 1338、0. 1069，并都在 1%的水平上显著。从回归系数的大小来看，父代为城镇户籍>新市民>流动人口，并且父代为城镇居民与新市民相比，回归系数不显著，这与前文的 3-5 的表格所反映的结果相一致，与当前各个城市根据户籍人口来考虑高中阶段教育资源的设置情况相符，这一制度安排，造成了地区分割的局面，因此，当父母户籍存在差异，宏观上的资源配置的倾斜，微观上的家庭因素，都会致使子代更有可能接受高中阶段的教育。

表 3-7　**分样本估计四类群体子代教育获得的面板回归模型**

因变量 子代教育年数	(1)—(4)父亲样本				(5)—(6)母亲样本			
	(1) 城镇— 农村	(2) 新市民— 农村	(3) 流动人口 —农村	(4) 城镇— 新市民	(5) 城镇— 农村	(6) 新市民— 农村	(7) 流动人口 —农村	(8) 城镇— 新市民
父代户籍性质	0. 8806 ***	0. 9649 **	0. 8201 ***	−0. 0703	1. 0246 ***	0. 9051 ***	0. 5749 **	−0. 1938
	(0. 1876)	(0. 4298)	(0. 2223)	(0. 4798)	(0. 2119)	(0. 3510)	(0. 2463)	(0. 3960)
父代教育	0. 2065 ***	0. 1891 ***	0. 1990 ***	0. 1922 ***	0. 1427 ***	0. 1222 ***	0. 1232 ***	0. 1530 ***
	(0. 0248)	(0. 0281)	(0. 0291)	(0. 0442)	(0. 0197)	(0. 0206)	(0. 0216)	(0. 0391)
子代年龄	0. 4611 ***	0. 4482 ***	0. 4468 ***	0. 4864 ***	0. 4586 ***	0. 4306 ***	0. 4333 ***	0. 5087 ***
	(0. 0231)	(0. 0250)	(0. 0255)	(0. 0483)	(0. 0259)	(0. 0266)	(0. 0269)	(0. 0643)
父代年龄	−0. 0259	−0. 0294 *	−0. 0303 *	−0. 0155	−0. 0324 *	−0. 0305 *	−0. 0341 **	−0. 0224
	(0. 0159)	(0. 0168)	(0. 0170)	(0. 0365)	(0. 0170)	(0. 0168)	(0. 0167)	(0. 0478)
父代收入	0. 2791 ***	0. 1595 ***	0. 1741 ***	0. 4905 ***	0. 2959 ***	0. 2415 ***	0. 2326 ***	0. 4738 ***
	(0. 0631)	(0. 0619)	(0. 0646)	(0. 1529)	(0. 0827)	(0. 0823)	(0. 0877)	(0. 1361)
N	2206	1731	1621	695	2205	1839	1706	635

注：括号内为标准误，*、**和***分别代表在 10%、5%和 1%水平上显著。

表 3-8　　分样本估计四类群体子代接受高中教育的面板回归模型

因变量 子代教育年数	(1)—(4)父亲样本				(5)—(6)母亲样本			
	(1) 城镇— 农村	(2) 新市民— 农村	(3) 流动人口 —农村	(4) 城镇— 新市民	(5) 城镇— 农村	(6) 新市民— 农村	(7) 流动人口 —农村	(8) 城镇— 新市民
父代户籍性质	0. 1196***	0. 1422***	0. 0406*	−0. 0567	0. 1685***	0. 1338***	0. 1069***	−0. 0652
	(0. 0200)	(0. 0465)	(0. 0218)	(0. 0435)	(0. 0330)	(0. 0496)	(0. 0292)	(0. 0618)
父代教育	0. 0054**	0. 0027	0. 0032	0. 0087**	0. 0049*	0. 0042	0. 0048*	0. 0040
	(0. 0023)	(0. 0026)	(0. 0027)	(0. 0037)	(0. 0027)	(0. 0028)	(0. 0028)	(0. 0069)
子代年龄	−0. 0196***	−0. 0270***	−0. 0272***	−0. 0086***	0. 0222***	0. 0185***	0. 0188***	0. 0318***
	(0. 0015)	(0. 0017)	(0. 0017)	(0. 0026)	(0. 0025)	(0. 0025)	(0. 0026)	(0. 0060)
父代年龄	−0. 0026**	−0. 0023	−0. 0024	0. 0015	−0. 0037*	−0. 0037*	−0. 0038*	0. 0012
	(0. 0013)	(0. 0015)	(0. 0015)	(0. 0024)	(0. 0021)	(0. 0021)	(0. 0021)	(0. 0053)
父代收入	−0. 0148**	−0. 0193***	−0. 0195***	−0. 0170	0. 0015	0. 0056	0. 0046	−0. 0053
	(0. 0061)	(0. 0064)	(0. 0066)	(0. 0130)	(0. 0079)	(0. 0078)	(0. 0080)	(0. 0221)
个体固定效应	是	是	是	是	是	是	是	是
时间固定效应	是	是	是	是	是	是	是	是
N	4549	3574	3358	1406	1716	1547	1456	354

注：括号内为标准误，*、**和***分别代表在 10%、5%和 1%水平上显著。

上文实证分析结果均说明父代户籍的不同导致子代在教育获得上存在差异，那么，这种差异是否体现在子代的性别上？表 3-9 反映的是父亲样本中，分性别来考察父代户籍差异对子代教育的影响。由表可知，父亲为城镇户籍与农村户籍相比，儿子的教育年数延长了 0. 7102 年，女儿延长了 0. 8707 年，并都在 1%的水平上显著成立；父亲户籍由农村变为城镇时，儿子的教育年数在 5%的显著水平上延长了 1. 0213 年，女儿在 1%的显著水平上延长了 1. 2015 年；父亲只是生活在城市但户口在农村，儿子的教育年数会延长 0. 9093 年，女儿会延长 0. 5692 年；当父亲为城镇户籍与新市民相比，对子代教育的影响不显著，这与上文的表 3-5 和表 3-8 所说明的估计结果相一致。

表 3-10 反映的是母亲样本中，分性别来考察，父代户籍差异对子代教育的影响，由表 3-10 可以看出，估计结果与父亲样本所反映的结果大体一致。说明子代无论为儿子还是女儿，其教育程度均会受到父代户籍的影响。总体上来看，女儿受到的影响要大于儿子，教育年数延长的更多。具体而言，母亲户籍为城镇与农村相比，儿子的教育年数会延长 0. 7894 年，女儿会延长 1. 0385 年，并都在 1%的水平上显著成立；母亲户籍由农村变为城镇时，儿子的教育年数在 5%的显著水平上延长了 1. 0543 年，女儿在 1%的显著水平上延长了 1. 2274 年；当母亲只是居住在城市但户口在农村时，儿子的教育年数会延长 0. 5445 年，女儿则无显著变化；而母亲户籍是城镇与新市民相比，对子代教育的影响均不显著。

表 3-9 **父亲样本中四类群体子代教育程度的估计结果**

因变量 子代教育	(1)—(8)父亲样本							
	(1) 城镇—农村		(2) 新市民—农村		(3) 流动人口—农村		(4) 城镇—新市民	
	男	女	男	女	男	女	男	女
父代户籍性质	0.7102***	0.8707***	1.0213**	1.2015***	0.9093***	0.5692**	0.3473	0.0548
	(0.2210)	(0.2092)	(0.5134)	(0.4561)	(0.2727)	(0.2617)	(0.6176)	(0.5526)
父代教育	0.2188***	0.1720***	0.2048***	0.1499***	0.2088***	0.1669***	0.2476***	0.1353**
	(0.0280)	(0.0261)	(0.0313)	(0.0287)	(0.0322)	(0.0295)	(0.0499)	(0.0524)
子代年龄	0.3859***	0.5679***	0.3817***	0.5495***	0.3871***	0.5397***	0.3563***	0.6432***
	(0.0203)	(0.0210)	(0.0218)	(0.0230)	(0.0222)	(0.0233)	(0.0416)	(0.0442)
父代年龄	-0.0159	-0.0327**	-0.0221	-0.0217	-0.0283	-0.0140	0.0368	-0.0919***
	(0.0169)	(0.0162)	(0.0181)	(0.0180)	(0.0184)	(0.0180)	(0.0355)	(0.0348)
父代收入	0.3988***	0.3125***	0.2551***	0.2620***	0.2690***	0.2680***	0.6114***	0.4831**
	(0.0717)	(0.0788)	(0.0709)	(0.0805)	(0.0739)	(0.0819)	(0.1638)	(0.1951)
N	1255	1022	980	805	911	764	413	299
R^2	0.5460	0.6997	0.5100	0.6653	0.6689	0.5084	0.6573	0.7040

注：括号内为标准误，*、**和***分别代表在10%、5%和1%水平上显著。

表 3-10　**母亲样本中四类群体子代教育程度的估计结果**

因变量 子代教育	(1)—(8)母亲样本							
	(1) 城镇—农村		(2) 新市民—农村		(3) 流动人口—农村		(4) 城镇—新市民	
	男	女	男	女	男	女	男	女
父代户籍性质	0.7894***	1.0385***	1.0543**	1.2274***	0.5445*	0.4517	0.4112	−0.1688
	(0.2516)	(0.2363)	(0.4633)	(0.4596)	(0.3178)	(0.2937)	(0.5230)	(0.5208)
父代教育	0.1650***	0.0976***	0.1102***	0.1326***	0.1164***	0.1316***	0.2495***	0.0039
	(0.0256)	(0.0238)	(0.0279)	(0.0258)	(0.0292)	(0.0272)	(0.0489)	(0.0427)
子代年龄	0.3568***	0.5990***	0.3616***	0.5617***	0.3655***	0.5627***	0.2969***	0.6729***
	(0.0244)	(0.0230)	(0.0257)	(0.0251)	(0.0267)	(0.0259)	(0.0513)	(0.0453)
父代年龄	−0.0057	−0.0529***	−0.0292	−0.0315	−0.0344	−0.0297	0.1144**	−0.1141***
	(0.0214)	(0.0185)	(0.0224)	(0.0200)	(0.0230)	(0.0205)	(0.0475)	(0.0378)
父代收入	0.4548***	0.3074***	0.4122***	0.2238***	0.4130***	0.2324**	0.5371***	0.5078***
	(0.0805)	(0.0854)	(0.0808)	(0.0839)	(0.0840)	(0.0910)	(0.1919)	(0.1584)
N	1197	1008	1009	830	934	772	340	295
R^2	0.5069	0.6878	0.4611	0.6422	0.4485	0.6276	0.5950	0.7349

注：括号内为标准误，*、**和***分别代表在10%、5%和1%水平上显著。

一、新市民与流动人口子代的倾向得分匹配结果

在实证分析中，如果直接比较获得城镇户籍的新市民和没有获得城镇户籍的流动人口各自子代的教育水平，容易导致选择性偏误，因为获得城镇户籍的新市民自身能力方面和条件与流动人口存在很大的差别，所以即使没有户籍制度的影响，这两类群体的子代在教育获得上也有较大差别。即新市民的户籍身份变动很难完全被看作自然实验，这使得回归结果难以令人信服。为了克服样本的选择性偏误，本章参考连玉君(2010)①和魏万青(2012)②相关文章处理，使用倾向得分匹配法(PSM)尽量将新市民(处理组)和流动人口(控制组)相匹配，估计平均处理效应(ATT)。

在可能影响个体获得城镇户籍的特征变量中，本章综合使用Pseudo-R^2和AUC值两个指标进行筛选，最终包含以下控制变量：教育水平、收入、工作类型、社区指数、性别、婚姻。图3-1是核匹配法的匹配效果图，可以看出在匹配前新市民和流动人口二者的倾向得分值的概率分布存在明显差异，尤其是图形最左边部分。如果直接比较新市民和流动人口子代的教育获得差异，那么实证得出的结果会是有偏，即估计结果不具有可信度。在匹配后可以看到两组样本倾向得分的概率分布比较接近，表明二者匹配效果较好。

表3-11是采用不同PSM方法计算的平均处理效应(ATT)，从表中可以看出即使控制了样本选择性后，父辈的户籍身份对子代的教育获得依然有显著影响；即在通过PSM方法消减了新市民和流动人口在各种特征上的选择差异后，父辈的户籍身份的影响依然十分显著。除了分层匹配法在5%的水平上显著外，其余的匹配方法都在1%的水平上显著。从ATT的值来看，虽然没有OLS回归值高，但均大于0.52。以最低平均处理效应的核

① 连玉君，苏治，谷月东．股权激励有效吗？——来自PSM的新证据[C]//中国金融学年会，2009.

② 魏万青．户籍制度改革对流动人口收入的影响研究[J]．社会学研究，2012(1).

匹配法和分层匹配法为例，消除父代户籍身份影响后，新市民和流动人口子代的教育获得差异至少减少 69%（$e^{0.523}-1$）。

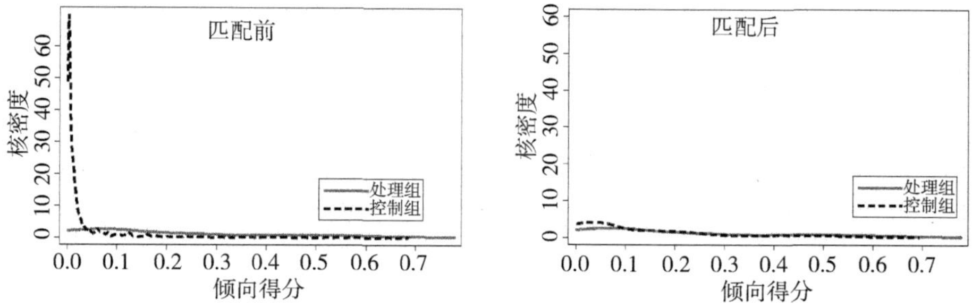

图 3-1　匹配前后“处理组”和“控制组”倾向得分概率分布对比

表 3-11　　**不同匹配方法结果**

PSM 匹配方法	处理组样本数（新市民）	控制组样本数（流动人口）	平均处理效应（ATT）	标准误	T 值
最近邻匹配法	570	2730	0.647	0.087	7.395***
核匹配法	570	13139	0.523	0.140	3.745***
分层匹配法	570	13139	0.523	0.250	2.097**
半径匹配法	369	8549	0.579	0.201	2.879***

注：*、**和***分别代表在 10%、5%和 1%水平上显著。

由于 PSM 在第一阶段估计倾向得分时存在不确定性，本章采用 Abadie and Imbens(2006)①提出的“偏差校正”方法，该方法采用更简单的马氏匹配，进行有放回且允许并列的 K 近邻匹配，这样研究者在计算匹配估计量时，只需要做少量的主观决定②。本章采用“偏差校正匹配估计量”来检验

① Abadie, A., and G. W. Imbens, 2002. Simple and Bias-corrected Matching Estimators, Technical report, Department of Economics, University of California, Berkeley.

② 陈强．高级计量经济学及 Stata 应用(第二版)[M]. 北京：高等教育出版社，2010.

前述 PSM 估计结果的稳健性。结果如表 3-12 中第 2 列所示，新市民的户籍优势使得其子代在教育获得上平均提升了 54%（$e^{0.432}-1$），且在 1%的水平上显著。此外本章还采用双重差分倾向得分匹配法进一步检验结果的稳健性，结果如表 3-12 中第 3 列所示，ATT 的估计量为 0.244，同样在 1%的水平上显著，即本章的估计结果较为稳健。

表 3-12　**偏差校正匹配估计和双重差分倾向得分匹配的估计结果**

	偏差校正匹配估计量	DID-PSM
ATT	0.432***(0.034)	0.244***(0.047)
ATU	0.463***(0.049)	—
ATE	0.484***(0.032)	—

注：括号内数值为稳健标准误，*、**和 ***分别代表在 10%、5%和 1%水平上显著。

为了识别父代户籍变化对子代教育获得影响，本章采用了 CEM-PSM 方法，先进行广义精确匹配，然后再运用倾向得分匹配法进行估计。具体而言，本章首先对变量进行的离散化处理，以确保处理组和控制组之间的平衡。考虑到精确匹配可能包括的样本信息较少，故采用倾向得分匹配法，进入广义精确匹配，以确保 CEM 中匹配更多的处理组和控制组信息，保证估计结果无偏性和有效性。选择匹配的变量有父母的收入、年龄、教育等。同时为了进行稳健性检验，本章生成横截面数据，进行了最近邻匹配。匹配后各变量在控制组和处理组间应该不存在显著差异，并且标准化后的偏差应该小于 5%，至多不超过 10%，此外，本章进行了平行趋势假设。图 3-2 是匹配前后处理组和控制组的倾向得分概率分布情况，这里的处理组是父代户籍由农村变为城镇的群体，控制组是父代户籍均为农村的群体，从图 4-2 中可以看出，匹配前，处理组和控制组之间的差异性较大，匹配后，处理组和控制组之间不存在明显差异，匹配效果显著，使得估计结果具有无偏性。

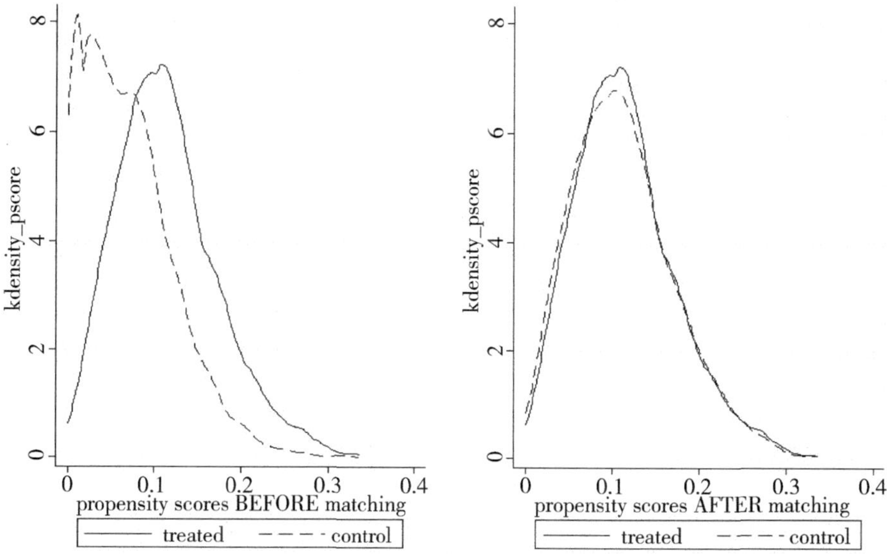

图 3-2　匹配前后"处理组"和"控制组"倾向得分概率分布对比

在匹配父代的教育、年龄、收入等之后，处理组和控制组之间的差别仅在于父代户籍是否发生变化。本章在 CEM-PSM 的基础上，利用 Ordered probit 模型回归分析了父代户籍变化对子代高中教育获得的影响。表 3-13 是回归结果，可以看出，如父亲和母亲户籍均发生变化，子代接受高中教育的可能性会增加 0.1967，该结果在 1%置信水平上显著；若仅只有父亲户籍变化，可能性在 1%的置信水平上增加 0.4549；同样，仅只有母亲户籍变化时，可能性增加 0.3780，结果在 1%置信水平上显著成立，克服了样本选择偏差导致估计系数过小问题。

表 3-13　　**父代户籍变化对子代接受高中教育的影响**

被解释变量	(1)	(2)	(3)
子代高中教育	父代样本	父亲样本	母亲样本
父母户籍变化	0.1967***	0.4549***	0.3780***
	(0.0544)	(0.0990)	(0.0995)

续表

被解释变量	(1)	(2)	(3)
子代年龄	0.0964***	0.0662***	0.0742***
	(0.0032)	(0.0067)	(0.0090)
家庭收入	0.0759***	0.1564***	0.1762***
	(0.0208)	(0.0411)	(0.0519)
父代教育年数	0.0296***	-0.0057	-0.0578***
	(0.0030)	(0.0239)	(0.0246)
个体固定效应	是	是	是
时间固定效应	是	是	是
观测值	15098	4103	4095

注：括号内数值为稳健标准误，*、**和***分别代表在10%、5%和1%水平上显著。

二、子代教育层级的 Ordered probit 回归分析

表3-14是以子代不同教育水平为因变量，使用Ordered probit模型进行回归分析的结果，Stata对参数进行了标准化，因此回归结果不包含常数项。四个模型的对数似然比检验的显著性水平均为0.0000，说明模型拟合效果较好，回归结果给出了两个分界点 cut1 和 cut2。在本章中当 $edu\_2a_{i,t}^* \leq cut1$ 时，$edu\_2a_{i,t}=0$ 即子代最高教育水平为高中以下；当 $cut1 \leq edu\_2a_{i,t}^* \leq cut2$ 时，$edu\_2a_{i,t}=1$，即子代最高教育水平为高中；当 $cut2 \leq edu\_2a_{i,t}^*$ 时，$edu\_2a_{i,t}=2$，即子代最高教育水平为高等教育及以上。在控制一系列其他自变量后，只有模型(2)和(4)中的户籍身份变量在5%的水平上显著。模型(2)是新市民与流动人口子代教育水平的对比，根据理论分析可知，在有序 probit 模型中，户籍身份变量回归系数为正，表示户籍越偏向城镇，子代最高教育水平越偏向于高等教育。由于在调查年份，我国的高考政策依然是严格限制异地高考，所以即使同在城镇接受

教育的子代由于父代户籍身份的不同，新市民的子代可以在城镇高考，而流动人口子代只能回户籍所在地高考，导致新市民子代比流动人口子代有更大的几率接受高等教育。此外，由模型(4)中城镇和农村的子代教育水平回归结果对比来看，父代户籍身份变量的系数为 0.56，大于模型(2)中的 0.343，城镇户籍的子代获得高等教育的概率比农村的子代获得高等教育的概率高 75% ($e^{0.56}-1$)，这种由父代户籍身份导致的子代教育差异从实证角度佐证了现实中的“寒门难出贵子”现象。

表 3-14　　**子代教育层级的 Ordered probit 回归结果**

被解释变量：子代教育水平	模型(1) 城镇—新市民 (新市民=0)	模型(2) 新市民—流动 (流动=0)	模型(3) 流动—农村 (农村=0)	模型(4) 城镇—农村 (农村=0)
解释变量：				
父代户籍身份	0.133	0.343***	−0.0191	0.560***
	(−0.108)	(−0.106)	(−0.0365)	(−0.0661)
父代教育年数	0.0560***	0.0297***	0.0306***	0.0486***
	(−0.00654)	(−0.00746)	(−0.00564)	(−0.00512)
父代职业类型	0.0676*	0.0781**	0.124***	0.118***
	(−0.035)	(−0.0335)	(−0.0257)	(−0.0264)
地区变量	0.0939***	0.0342	0.0517**	0.109***
	(−0.0352)	(−0.0299)	(−0.0233)	(−0.0254)
Cut1	12.93***	9.270***	7.676***	8.842***
	(−1.164)	(−0.896)	(−0.646)	(−0.731)
Cut2	14.53***	10.49***	8.934***	10.32***
	(−1.17)	(−0.901)	(−0.649)	(−0.735)
时间虚拟变量	YES	YES	YES	YES
其他控制变量	YES	YES	YES	YES
观察值	2902	6480	11544	7966

续表

被解释变量：子代教育水平	模型(1) 城镇—新市民 (新市民=0)	模型(2) 新市民—流动 (流动=0)	模型(3) 流动—农村 (农村=0)	模型(4) 城镇—农村 (农村=0)
log likelihood	-1958.5916	-1891.6529	-3219.815	-3317.9028
Prob>chi2	0.0000	0.0000	0.0000	0.0000
Pseudo R2	0.3204	0.2305	0.2064	0.3807

注：括号内数值为稳健标准误，*、**和 ***分别代表在 10%、5%和 1%水平上显著。

三、户籍制度对子女教育获得的影响机制

由前面实证分析可知，城镇户籍身份使得子代在教育获得上更具有优势，这种优势不仅体现在子代的教育年限更长，而且体现在教育层级更高。本部分是定量分析父代户籍身份的作用机制，一方面户籍身份本身会直接影响子代教育获得；另一方面，户籍身份决定个体面临的公共服务状况，进而通过这种间接途径影响子代教育获得。表 3-15 是对户籍身份的影响机制进行回归分析的结果，回归方程均控制了个体及家庭因素，回归结果只显示关键变量的系数及标准误。由于随着时间的推移，社区公共服务供给数量和质量都会出现上升趋势，因此回归结果控制了地区和时间固定效应，以检验地区特征和时间因素在其中的影响。

模型(1)是基础回归结果，可以看出新市民的子代相较于流动人口的子代在教育获得上具有明显优势，城镇户籍身份优势为 2.79 ($e^{1.332}-1$)，在 1%的水平上显著。在对户籍制度的公共服务机制进行实证分析时，本章结合 CHNS 数据库中的相关社区公共服务指数指标，在实证回归中加入邻里服务指数、通信网络服务指数、人口密度指数、多样性指数、经济服务指数、健康服务指数、住房服务指数、市场服务指数、社会服务指数、交通运输服务指数、教育服务指数和医疗服务指数，回归结果只列举了有

显著影响的社区公共服务指数。模型(2)在基础回归中加入父代户籍身份与教育服务指数的交互项，此时父代户籍身份的影响变得不显著，但户籍和教育服务指数交互项的影响为0.19（$e^{0.176}-1$），并且在1%的水平上显著。由此可以看出，城镇户籍对子代教育的促进作用可以由子代享受更好的教育资源来解释。模型(3)中加入户籍与医疗服务指数的交互项，此时户籍优势也不存在，交互项的影响为0.32（$e^{0.276}-1$），在1%的水平上显著，即城镇户籍享受更好的医疗水平同样可以解释这种户籍优势，并且解释力度大于教育服务指数的解释力度。模型(4)加入户籍与健康服务指数的交互项，此时可以看出户籍优势同样也不存在，但健康指数交互项的显著性水平只有10%，即健康指数对城镇户籍身份优势的解释力度不高，这也从侧面反映移民和流动人口的健康指数并没有显著差异。模型(5)中加入住房服务指数，此时户籍身份的系数由正为负，但实证结果并不显著。但住房服务指数交互项的影响为0.88（$e^{0.632}-1$），在1%的水平上显著，是所有指数中影响系数最大的，即住房服务指数对户籍优势的解释力度最强。模型(6)中加入四类指数的交互项，可以看出户籍身份对子代教育的影响为正，且在1%的水平上显著；户籍与教育服务指数、医疗服务指数和住房服务指数的交互项对子代教育获得仍具有显著正向影响，但系数较之前都有所下降，即教育、医疗和住房对城镇户籍优势的解释作用不是单独起作用而是综合作用。移民子代相对于流动人口子代其父辈的城镇户籍身份优势由模型(1)中的2.79（$e^{1.332}-1$）下降为模型(6)中的0.84（$e^{0.608}-1$），说明城镇户籍的子代所享受到的教育资源、医疗资源、住房资源可以解释城镇户籍所占优势的一半以上，即剥离掉附着在户籍之上的福利资源后，移民和流动人口的子代在教育获得上的差别将会大大缩小。这与卢盛峰、陈思霞等(2015)研究结果相似，也就是说，若公共服务机会更好，个体的受教育年限将显著高于其他条件相同的未被政策惠及到的地区居民。但同时由回归结果可以看出即使是剥离掉这些附着资源后，城镇户籍依然对子代教育有显著正向影响，这种影响仅仅是户籍身份差异导致的，即是户籍制度的身份排斥效应。

由以上实证分析可以看出户籍制度导致的差别化公共服务机会尤其是教育机会对子代的教育获得有显著影响，是阻碍社会流动的重要原因；与此同时也可以看出政府提供的公共服务对于教育获得的正向促进作用。在实证中控制户籍身份影响，只考虑微观层面的社区公共服务指数，可以看到政府外生提供的基本公共服务对子代教育获得具有正向影响。这与卢盛峰、陈思霞等(2015)的研究结论一致，也就是说，当地居民有更好的如医疗、教育和生活设施，个体的教育水平更高，并且可以促进职业地位代际提升。

表 3-15　　父代户籍身份作用机制实证结果

	模型(1)	模型(2)	模型(3)	模型(4)	模型(5)	模型(6)
户籍	1.332***	0.389	0.175	0.383	-0.751	0.608***
身份	(-0.192)	(-0.313)	(-0.452)	(-0.563)	(-0.497)	(0.0611)
户籍×教育服务		0.176***				0.149***
		(-0.0613)				(0.0508)
户籍×医疗服务			0.276***			0.227***
			(-0.0707)			(0.0782)
户籍×健康服务				0.152*		0.0164
				(-0.09)		(-0.0146)
户籍×住房服务					0.632***	0.347***
					(-0.156)	(0.0360)
时间变量	YES	YES	YES	YES	YES	YES
地区变量	YES	YES	YES	YES	YES	YES
其他控制变量	YES	YES	YES	YES	YES	YES
Constant	8.547***	8.538***	8.528***	8.521***	8.532***	8.545***
	(0.824)	(0.824)	(0.823)	(0.825)	(0.824)	(0.824)
观测值	6480	6480	6480	6480	6480	6480
R^2	0.506	0.506	0.507	0.506	0.507	0.506

注：(1)表中只列举了回归结果显著的社区公共服务指数的回归系数及标准误；(2)括号内为标准误，*、**和***分别代表在10%、5%和1%水平上显著。

本章使用中国健康与营养调查 1993 年到 2015 年的多轮调查数据，对户籍制度对子代教育获得的影响程度、作用机制等进行了比较全面的实证研究和讨论。首先采用面板固定效应回归方程估计了四类群体户籍身份的影响，其次使用有序 probit 模型对子代不同教育水平进行分析，最后对附着在户籍之上的不同社区公共服务指数进行回归来探讨户籍制度的影响机制，本章主要得出以下结论。

第一，城镇户籍身份相对于农村户籍身份而言，子代在教育获得上具有显著优势，即父辈是城镇户籍时，子代中最高教育年限也越大，父辈是农村户籍时，子代最高教育年限较低。这不仅可以由新市民与流动人口的对比可以看出，也可以由城镇本地和农村本地的对比中看出。

第二，通过倾向得分匹配法对新市民和流动人口进行匹配后，新市民的城镇户籍身份依然对子代的教育获得有显著影响，即通过 PSM 消减样本选择性偏误后，如果消除新市民父代的城镇户籍和流动人口的农村户籍的区别，新市民和流动人口的子代在教育获得上的差异至少减少 69%，通过偏差校正后差异下降为 54%。

第三，通过 Ordered probit 回归分析，可以看出在子代高等教育获得上，城镇户籍优势不仅表现在新市民相对于流动人口的子代，而且表现在城镇人口相对于流动人口的子代。户籍制度对教育的歧视依然突出地体现在户籍准入即教育机会的平等上，如异地中高考等。

第四，通过在基础回归中加入户籍与不同社区公共服务指数的交互项进行户籍影响的机制分析得出的回归结果可以看出，户籍对子代教育获得的影响不仅通过户籍所涵盖的公共服务因素，而且通过户籍自身的身份排斥效应。福利因素中，教育服务、医疗服务和住房服务可以解释户籍优势的绝大部分影响。但户籍的直接身份排斥效应对子代教育获得的影响不容忽视，对户籍制度改革不仅要剥离附着于户籍之上的相关福利因素，更要改变户籍的身份分级效应。

根据上述的研究结论，为了推进城镇化进程，加强人口的流动，减弱户籍制度的负面效应，深化政策的机制改革，缩小社会的贫富差距和阶层固化，促进城乡教育公平和就业机会均等，本章现提出以下的政策建议。

第一，推进户籍制度改革，减弱其在公共资源上的排斥效应，均衡城乡的教育经费的投入，促进社会的教育公平。从本章的实证研究的结果可知，父代的户籍身份对子女的教育有显著性的影响，据于此，我们要深化户籍制度的配套措施的建设，从制度上减少乃至消除户籍制度上的差别待遇，使农村户籍与城镇户籍的界限没有那么显著化；同时，也要完善与户籍制度相关联的教育、医疗、社会保障、就业等相关制度。

第二，加快城乡公共服务的均等化，改善农村家庭和流动家庭的经济状况，做好其子代教育和职业配套的政策措施。政府要推进城乡公共服务的均等化，平衡各地区的财力状况，有针对性的加大对贫困地区、弱势群体的扶持力度。与此同时，政府要合理进行财力分配，完善支付制度，加强政策的效益。

第三，加大对农村地区的教育资源投入和就业培训。城乡二元的户籍制度下，使得农村户籍子代与城镇户籍的子代面临的教育和就业不同，为此，各级政府加大教育的财政支出，改善农村地区教育基础设施落后状况，加强贫困地区的教师队伍建设，提高师资力量，促进城乡之间，地区之间的教育的公平性。

第四章
公共教育与收入代际传递

第一节　人力资本投资在代际收入传递机制中的作用

一、人力资本与代际收入传递

改革开放以来，国民经济发展迅速，但社会阶层固化和贫富差距扩大等问题依旧严峻。代际传递是影响社会流动的重要因素。代际教育传递性愈强，表明流动性愈低，社会阶层固化现象愈发严重。著名的“了不起的盖茨比曲线”反映了国家的社会不公平程度越高，代际流动性越低，父辈收入对子代收入影响更大，子代很可能处于父辈的经济阶层(Corak，2013；Krueger，2012)。根据欧美主要国家20世纪50年代到70年代的发展经验，经济快速发展阶段，社会流动加快。

收入代际传递与人力资本积累、投资有着密切的关系，人力资本投资是影响收入代际传递的主要机制。Becker和Tomes(1979)基于基本市场完善的假设，即父母对子女的人力资本投资不会受到资金的约束，认为父母对子女的投资决策基于家庭效用最大化。Loury(1981)发展了Becker和Tomes(1979)的人力资本理论，并把信贷约束引入代际传递模型，并认为代际遗传和信贷约束影响人力资本存量形成，对自身或下一代的收入分配产生影响，进而影响收入代际传递。

人力资本投资对收入代际传递的影响可以从以下方面去理解。首先，在现实社会中，家庭对子代的人力资本投资受家庭收入的影响，在信贷市场不完善的情况下，子代的教育投资受到资金约束，其中，贫困家庭受到的影响最大。其次，在子代教育受到约束后，父代通常会通过减少自身的消费来实现子女的教育投资，在这种情况下，父代的利他性以及父代对子代的人力资本投资意愿决定其对了子代的人力资本投资额。若当父代牺牲消费仍不足以弥补子代所需获得的人力资本投资最有额度时，在信贷市场不完善的情况下，低收入家庭将面临自身无法解决的子代人力资本投资不足的问题。此时，子代能够获得的人力资本投资与父代的收入直接相关，并随着父代的收入的增加而增加。对于低收入阶层家庭而言，家庭收入和信贷约束将会限制其对子女的人力资本投资，若教育具有正向收益率，子代人力资本投资的不足会影响子代收入的获得，从而使得收入代际传递趋势增强，社会阶层趋于固化。

此外，大部分研究认为劳动力可以通过教育来改变自身人力资本，从而在以技术进步为特征的经济发展过程中获得更多的职业选择权，实现向上的职业流动（Behrman and Taubman，1990；Breen and Chung，2015；AC. Ruiz，2016；周兴、张鹏，2014；张顺、祝毅，2017）。而 J. M. A. Van Houten et al（2013）的研究发现教育对职业代际流动具有双重效用：一是样本受到的教育越多，其职业的选择余地越大，职业代际流动性越强；二是父辈经济地位和能力影响子代受教育程度及教育质量，进而间接影响子代职业，这又会降低职业代际流动水平。Reshad N. Ahsan et al（2015）也指出，只有在高技能职业的就业机会广泛存在的情况下，增加教育投入才能提高职业代际流动性。职业代际流动性增强，改善后代职业获得，从而增强收入代际流动。

根据池彪（2019）的研究，父母的受教育水平对下一代的受教育水平有明显的正向作用，母亲比父亲的影响效果更大。母亲的受教育水平增加时，下一代是低学历的几率更小，是高学历的几率更大。当父母的受教育水平相当时，更有利于提高下一代的受教育水平。从代际教育流动性来看，城市高于农村，中部和东部地区高于西部地区，80 后群体高于 70 后群体。而在李颖蕾（2017）的研究中，则指出，在人力资本方面，相比于母亲受教育程度而言，父亲受教育程度对子代受教育水平的影响更大。对于党员身份而言，母亲的党员身份对子代的受教育程度有显著的正向影响，而父代则没有影响。对于成年人而言，非农业户口比农业户口受教育程度更高。根据张麟(2016)的研究，父母对亲生子女的代际弹性大于非亲生子女。我们的政策改革应该促进教育机会的平等，推动代际教育流动，进而促进社会公平。

人力资本投资的主要途径是教育。政府利用政策对教育采取措施，以减小教育资源差距，从而提升公民文化素质。由于教育是影响人力资本投资的主要因素，而公共教育支出是我国财政支出的重要方面，其通过弥补受教育程度较低的家庭教育投资的不足，促进教育机会的公平，进一步来缩小不同家庭人力资本投资的差异，从而改善收入代际传递。

二、公共教育支出与代际收入传递

公共教育投资成为政策研究中最为集中的部分。研究认为，公共教育投资累进程度的上升将带来代际收入流动性的上升，但也有一部分研究认为公共教育投资并不能改善收入代际传递。Murat F. Iyigun(1999)从人力资本的角度，研究了公共领域的人力资本投资政策对收入代际传递的政策效应。他发现，并不是公共人力资本投资一定会改善收入代际传递，只有当公共人力资本的资本量达到一定的规模，能够抵消父代对子代人力资本投资差异时，公共人力资本投资才会促进收入代际流动。Solon(2004)在模型上引入政府公共支出这一变量，通过研究发现，收入代际弹性与人力资本回报率正相关，与公共支出负相关。家庭教育投资会导致收入代际流动性的下降，政府公共支出则会促进收入代际流动。Susan 和 Leonard(2008)通过研究发现政府公共支出能够降低父代对子代人力资本投资差异，尤其是公共教育支出和医疗卫生支出。公共支出通过影响子代人力资本的投资，从而促进收入代际流动。Susan 和 Leonard 对美国的数据进行实证分析，研究结果表明，公共支出越高，收入代际流动越强。

从方法上看，现有的公共政策对收入代际传递的研究可以分为三类：

第一类是使用断代分析法①(Mayer 和 Lopoo，2005②；Machin，2004)或 DID 法(Difference indifference)(Pekkarinen 等，2009；Holmlund，2006；Mayer 和 Lopoo，2008)对公共政策进行评价分析。由于无法排除其他可能影响收入代际传递的因素，这类研究对于政策与收入代际传递关系的推断可能过于武断。但是若能够控制政策实施期间其他影响因素，DID 分析法将能直观且有效的识别公共政策对于收入代际传递的影响；第二类是使用中间变量法或代际系数分解法(Valero-Gil 和 Tijerina-Guajardo，2002；Iannelli 和 Paterson，2007；Ichino 等，2010；Bjorklund 等，2012)，探究不同的公共政策类型对于收入代际传递的影响。这类研究的基础是有清晰的代际传递内在机制模型，同时对数据也有一定的要求；第三类是先建立模型，根据数据求出模型系数，然后通过数值模拟政策研究对政策对收入代际传递的影响(Iyigun(1999)；Restuccia 和 Urrutia(2004)；Davies 等(2005)；Schneider(2010))。

三、公共教育支出与职业地位获得

作为人力资本投资的一个重要方面，公共教育投资使得不同家庭背景的子代拥有相对较公平的受教育环节，减少因家庭背景造成的人力资本投资差异，进而提升职业地位获得机会均等性(周波、苏佳，2012)。公共教育支出对居民职业地位获得产生影响的前提假设是家庭面临信贷约束。现实生活中，家庭人力资本投资往往面临着无法解决的经济约束，家庭收入小于子代最优人力资本教育投资额，子代人力资本受到家庭信贷约束(徐英，2013)。在教育具有正向收益的前提下，子代职业地位会受到家庭收入和父代职业地位的影响。对于低收入家庭来说，公共教育支出在一定程度上弥补了家庭对于子代人力资本投资的不足，创造了一个相对公平的受

① 这种方法通过计算不同时间的代际收入流动系数，在政策变动期间计算收入代际传递的变化，从而得出政策对收入代际传递影响。

② Mayer, S. E., L. M., Loppo, Government Spending and Intergenerational Mobility, Journal of Public Economics, 2005.

教育环境，减少家庭背景所产生的人力资本投资的差异，缩小人均教育资本的差距，从而改善职业地位获得机会公平性。

另一方面，也有学者指出，公共教育支出并非总是能够帮助居民平等获得职业地位（MuratF. Iyigun，1999）。并不是所有的公共人力资本投资一定会改善职业地位获得公平性，只有当公共人力资本的资本量达到一定的规模，能够抵消父代对子代人力资本投资差异时，公共人力资本投资才会促进居民平等获得职业地位。

综上两个方面的观点，公共教育支出对居民职业地位获得所产生的影响是直接影响，其影响机制的原理是人力资本投资。政府对公共教育支出的投资加大，通过向贫困家庭和落后家庭进行教育资源的倾斜，对教育机会进行再分配，能够促进居民职业地位获得的机会均等性。具体而言，公共教育支出用于提高对贫困学生的教育补助，对贫困地区师资力量的加强、学校设施资源的改善，有利于弥补贫困家庭子代人力资本投资的不足，缩小贫困地区与富裕地区家庭之间子代职业地位获得机会的差距。

因此，政府公共教育支出可以通过补充对贫困家庭子代人力资本的投资，提高贫困地区居民的受教育程度，改善贫困地区居民的受教育状况，从而使得贫困地区居民在职业地位获得中更具竞争力，获得更为平等的就业机会。

公共政策对收入代际传递的影响基于人力资本投资。一方面，公共政策通过财政支出或者税收政策来降低家庭信贷约束，鼓励低收入家庭进行人力资本投资，间接缩小不同家庭背景下人力资本投资的差异；另一方面，对收入代际传递机制政策效应体现在直接降低父代收入或家庭背景造成的人力资本投资的差异，抵消使不同家庭背景所造成的人力资本投资的差距，从而达到收入代际传递的降低。

四、人力资本的代际传递

人力资本是通过人力资本投资形成的，所有能提高劳动力素质的投资均是人力资本形成的主要途径。根据已有的理论，主要可分为教育投资、医疗投资、培训投资和迁移投资。人力资本的关键是提高人口质量，教育是提高人力资本最基本的途径之一，所以也可以把人力投资视为教育投资问题。

健康的身体是人力资本持续发挥作用的及基础，卫生医疗投资通过增加人力资本内在能力和持续时间促进人力资本形成。卫生医疗保健的投入对人力资本的积极作用主要体现在两个方面，首先，卫生医疗保健的投入使得平均寿命增加，这意味着人力资本可以在更长的时间投入，社会中人力资本总量的增加；另一方面，卫生医疗的投入提高了人们的健康水平，从而有助于劳动者劳动效率和劳动能力的提高。

根据 Becker 人力资本理论，在职培训分为一般培训和特殊培训。一般培训形成的人力资本具有普遍性，几乎在所有的公司中使用；特殊培训形成的人力资本仅在提供培训的本部分使用，具有特殊性。在职培训一般包括岗前培训、上岗培训、特殊技能培训等等，不同于卫生医疗投资对人力资本的间接作用，在职培训直接促进的人力资本形成与积累。

劳动迁移对人力资本有着重要的影响，与之前的人力资本投资方式不同，劳动迁移投资是劳动者寻找发挥其最佳劳动效率的投资。Schultz 认为工人经常进行迁移已使用不同的就业机会，这种迁移开支也是一种人力资本投资，只要这种迁移能使得劳动者提高自身的劳动效率。因此，劳动迁移投资也是人力资本投资的一种途径。

从投资主体划分，人力资本的形成来自于个人家庭、企业和政府。其中家庭主要是指家庭背景；企业根据本企业的需要对员工进行的人力资本投资；政府一般是为了达到某种政策目的，通过一系列制度和公共政策进行人力资本投资。本章研究收入代际传递政策效应，主要集中于研究以家庭为主体的家庭背景和为达到某种政策效应的制度因素人力资本形成途径。家庭背景对于人力资本投资的影响在很大程度上解释了收入是如何进行代际传递，制度对于人力资本投资的影响则从人力资本的角度解释了政府对代际收入传递进行政策干预的原因。下面将从收入代际传递的角度分析家庭背景和制度因素如何影响人力资本的形成。

教育不仅能提高受教育者自身人力资本水平，还可以通过代际传递给子女的人力资本积累以及子女收入水平产生重要影响。家庭背景对收入代际传递影响可以从以下方面去理解①。一般来说，家庭背景越优越，父代会对子代进行越多的人力资本投资。家庭收入是父代对子代进行人力资本投资的主要经济来源，一般家庭收入越高，子代能够得到了来自于父代的人力资本投资即越多；若家庭收入越低，父代对子代的人力资本投资就越少。

子代的人力资本是其获取收入的重要能力之一，但是子代人力资本的形成需要通过人力资本投资。在现实社会中，家庭对子代的人力资本投资受家庭收入的影响，在信贷市场不完善的情况下，子代的教育投资收到资金约束，其中，贫困家庭受到的影响最大。信贷约束是影响后代人力资本存量形成的主要原因之一。

如果家庭在对子代进行人力资本投资时面临着预算约束，且在资本市场上较难获取支持的话，家庭对子代进行人力资本投资的多少将取决于父代的收入水平。若当父代牺牲消费仍不足以弥补子代所需获得的人力资本投资最有额度时，在信贷市场不完善的情况下，低收入家庭将面临自身无法解决的子代人力资本投资不足的问题。此时，子代能过获得的人力资本投资与父代的收入直接相关，并随着父代的收入的增加而增加。若教育具有正向收益率，对于低收入阶层家庭而言，家庭收入和信贷约束将会限制其对子女的人力资本投资，子代人力资本投资的不足会影响子代收入的获得，从而使得收入代际传递趋势增强，社会阶层趋于固化。

如果人力资本制度完善，子代人力资本投资受家庭背景影响的程度就会降低。当子代在资源获得上的差异减小，如教育投资、医疗卫生投资、职业技能培训等资源，家庭背景对人力资本投的影响就减小，甚至被抵消。即人力资本制度在收入代际传递中施加政策效应，使得社会底层人群有向上流动的动力，从而改善我国收入代际传递现状，促进社会流动。人

① Becker. N. Tomes, Human Capital and the Rise and Fall of Families, Journal of Labor Economics, 1986.

力资本制度主要是通过直接改变子代人力资本投资或通过改善低收入家庭预算约束从而减少子代人力资本投资差异来促进收入代际流动。制度因素在改善人力资本投资方面有着重要的作用，政府的政策在促进社会流动、代际公平方面十分重要。

第二节　教育代际传递估计模型与变量选取

一、估计模型

在教育代际传递研究中，受教育程度均为父代和子代的受教育程度。然而，在实际的研究中，受教育程度较抽象。为了减少生命周期带来的误差，在模型中用受教育年限来代表受教育程度，建立模型如下式。

$$y_i^c = \alpha + \beta y_i^p + \gamma_c A_c + \varphi_c A_c^2 + \gamma_p A_p + \varphi_p A_p^2 + \varepsilon_i \tag{4.1}$$

其中，y_i^c 为子代受教育年限，y_i^p 为父代受教育年限；β 衡量代际教育传递程度，其估计值被称作代际教育弹性系数。A_c 和 A_c^2 分别表示子代年龄的一次项和二次项，A_p 和 A_p^2 分别表示父代年龄的一次项和二次项。ε_i 为随机误差项。

二、变量选取

CHNS 调查共有问卷 6 份，涉及到调查家庭户主和其他个人的详细信息，包括父母与子女的关系以及出生年月、收入、性别、年龄、工作类型、受教育程度等信息。

教育变量是本章核心变量。问卷中有两种衡量教育程度的方式，分别为受教育年数和受教育水平。由于我国教育制度历史上曾发生变革，本章选取受教育年数作为受教育程度衡量，并按照受教育的年份，对个体教育程度重新划分 6 类不同的受教育水平，受教育年限 6 年以下的为文盲、小学教育程度；受教育年限为 6~9 年度为初中；受教育年限为 9~12 年的高中、技校或中专；受教育年限为 13 年以上的为大学及以上。

在样本选择时，年龄是重要的条件，也是降低估计偏误的方法之一。本章选择的子代研究对象是出生在1949—1990年期间的个体，其受教育年限也具有一定的代表性。为了父代受教育程度的代表性，降低估计误差，本章选取的父代样本年龄均在65岁以下。最终，本章选取了年龄在20~45周岁的子代样本，匹配了出生在1925年—1969年，年龄在40~65岁的父代样本。考虑到调研中的误差等问题，我们删除了父代和子代年龄差距小于17岁的样本。

保留1989—2011年共9轮调查数据，共得到父代和子代配对样本6264对。主要变量的统计特征描述见表4-1。

表4-1　　**样本关键变量描述统计**

变量	统计指标	父代		子代	
		城镇	农村	城镇	农村
收入	样本量	1681	3692	1681	3692
	均值	9.04	8.48	8.86	8.36
	标准差	0.91	0.98	1.04	1.07
	最小值	4.41	3.38	3.80	2.75
	最大值	12.46	12.89	12.60	12.34
年龄	样本量	1681	3692	1681	3692
	均值	54.73	53.14	26.29	24.99
	标准差	5.77	5.84	4.70	4.45
	最小值	41	40	20	20
	最大值	65	65	45	44
受教育程度	样本量	1681	3692	1681	3692
	均值	8.51	6.75	12.25	9.21
	标准差	5.01	3.17	4.02	3.20
	最小值	1	1	1	1
	最大值	21	21	21	21

由表 4-1 可知，城镇地区子代的平均年龄为 26. 29 岁，农村地区子代平均年龄为 24. 99 岁，两个地区子代平均年龄均已完成大学本科教育；同时剔除了 20 岁以下的子代样本，使得总体上子代样本具有代表性。城镇地区父代的平均年龄为 54. 73 岁，农村地区的年龄均值为 53. 14 岁；同时剔除了 65 岁以上的父代样本，保证父代样本具有代表性。从受教育程度方面来看，父代受教育程度显著低于子代受教育程度，说明我国教育事业在逐步发展，对教育的重视程度越来越高，进一步显示子代人力资本的优势。同时，农村群体受教育程度明显低于城镇水平，说明我国城乡二元结构在教育领域也有显著的差异。要实现城乡同步发展，就需要在教育公平上做出改进。

三、教育代际传递在城镇和农村的现状分析

当将我国收入代际传递弹性系数与不同国家进行比较时，会得到什么样的结果呢？图 4-1 为盖茨比曲线。盖茨比曲线往右上方倾斜，反映出代际流动性会随国家的收入差距加大而降低。同时，它说明了国家的不公平

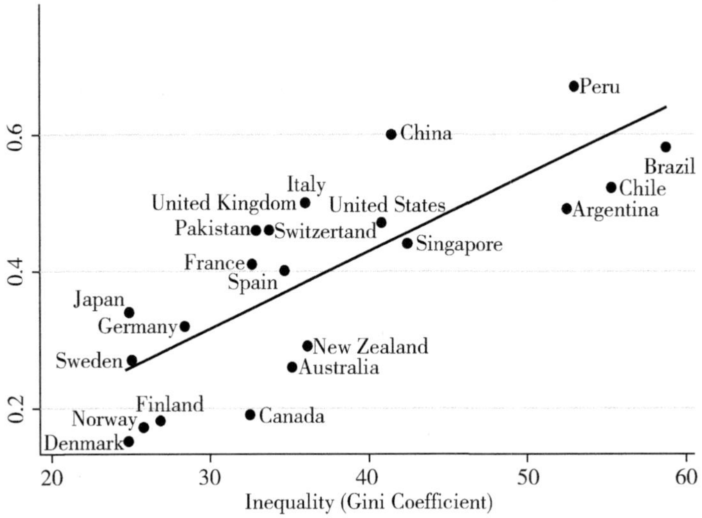

图 4-1　盖茨比曲线

程度越高，父辈经济地位对子代社会地位影响程度越大。从这条曲线可以看出，处于右上方的国家社会阶层固化严重，而处于左下方的国家相对来说更公平。由图4-1可知，左下方主要分布如芬兰和丹麦等北欧国家。而中国位于右上方，说明中国的阶层已固化至深。

中国具有子承父业的传统思想，与子代更具有紧密性，习惯于根据自身情况对子代的发展做出投资和规划。父代收入水平以及教育水平会在很大程度上影响其对子代的投资，进而对子代的教育和收入水平产生传递作用，减小教育与收入的代际流动性，阶层出现固化。

表4-2 **城乡代际教育传递弹性**

地区	受教育年限	OLS
城镇	y_i^p	0.214***
农村	y_i^p	0.203**

为了进一步了解我国代际教育传递的总体特征，基于式(4.1)进行了最小二乘回归。表4-2列示了城镇和农村地区的教育代际传递弹性系数估计结果。结果显示我国城乡教育代际传递效应估计均是显著的。根据表4-2第三列，我们可以看到我国城镇地区的代际教育弹性为0.214，在1%水平上显著；大于农村地区代际收入弹性在5%水平上显著为0.203。说明我国整体教育代际流动性较差，子代受教育水平显著受到父代受教育水平的影响。此外，不同群体的代际系数均为正且城镇代际系数明显高于农村代际系数，这可能由于城镇居民自身受教育程度较高，对子代投资也较多，形成更强有力的代际传递效果；农村群体父代受教育水平偏低，但随着时代发展，农村居民也能意识到教育的重要性，会加大对子代教育投资，从而提升子代受教育水平，但由于父代收入水平的限制，教育投资上存在一定局限，导致农村子代受教育程度仍然受到父代受教育程度的影响，存在代际效应。以上对于我国教育代际传递弹性系数的估计与已有研究结果基本

保持一致。基于此分析，我国公共教育支出结构应在一定程度上进行改革，加大对农村群体的教育支持，防止农村子代出现读不起书的情况，从而提升整体子代受教育程度，进而增加子代收入，提高国家经济水平。

第三节　收入代际传递随时间变化的趋势分析

为了研究我国教育代际传递自 1949 年以来的变化趋势，以 10 年为时间窗口，基于式(4.1)进行了滚动回归。我们可以得出总体上我国代际教育弹性随时间变化呈现“U”形。何石军(2009)根据 CHNS 数据测算了中国代际收入弹性及其变化趋势。Chen(2015)研究了在 1930—1984 年出生的人的教育代际传递变化趋势，发现随时间发展，教育代际传递为 U 型趋势，他们认为这主要是由于每个时期不同方向的教育扩张政策。Magnani 和 Zhu(2015)根据中国 1990—2000 年的人口普查数据比较教育代际传递在父母之间与时间维度上差异。陈琳和袁志刚(2012)发现人力、社会和财富资本能很好解释代际收入弹性。Huang(2013)发现家庭资产会加深教育代际传递。Golley 和 Kong(2013)发现农村的教育代际传递程度比城市更弱是由于城乡教育不公。本章结果与其一致。其次，结合我国时代背景，我们合理推测，出生于 20 世纪 70 年代末的子代受到了国家旨在推进教育发展的公共政策如义务教育和高等教育扩招的影响，促进了代际教育流动。

为了论证滚动回归估计结果的准确性，进一步加强论证，不同于通过计算代际教育弹性系数衡量代际教育传递的方法，接下来采用 PRE 法测量方法对代际教育传递随时间的变化进行描绘。

PRE(proportional reduction of error)分析方法的原理为：由父代文化水平预测子女文化水平的准确性越高，教育代际传递越高。子代与父代的代际传递表现为父代相关信息对子代相关信息的高度预测性。具体来说，基于父代受教育程度信息对于子代受教育程度信息的预测越准确，父代与子代之间的教育代际传递性越高。PRE 量化父代信息对于子代信息的预测能力如下：

$$\mathrm{PRE}=\frac{E_0-E_1}{E_0}=1-\frac{E_1}{E_0} \tag{4.2}$$

E_0 表示在限制信息下预测误差的总和，如未给定任何信息预测子代受教育程度信息的误差总和。E_1 表示在完全信息下预测误差的总和，如给定父代受教育程度信息预测子代受教育程度信息误差总和。对误差的定义如式(4.3)所示：

$$E_m=-\sum_{i=1}^{N}\ln(P_m(Y=y_i)),\ m=0,\ 1 \tag{4.3}$$

$P_m(Y=y_i)$ 是预测因变量 Y 在模型 m 下取观测值 y_i 的概率。在限制信息下，即 $m=0$ 时，预测因变量 Y 取观测值 y_i 的概率 P_0 为：

$$P_0=(Y=j)=\frac{\exp\ (\beta_j Z_i)}{\sum_{\iota=1}^{J}\exp\ (\beta_\iota Z_i)} \tag{4.4}$$

Z_i 是表示自变量(control variable)的向量(可以为常数)，β_j 表示向量 Z_i 的系数。在完全信息下，即 $m=1$ 时，预测因变量 Y 取观测值 y_i 的概率 P_1 为：

$$P_1=(Y=j)=\frac{\exp\ (\beta_j Z_i+\gamma_j X_j)}{\sum_{\iota=1}^{J}\exp\ (\beta_\iota Z_i+\gamma_\iota X_j)} \tag{4.5}$$

X_j 是表示父母信息的向量。无需假设唯一的代际流动模式，PRE 法使用公式计算出每组 PRE 值，通过衡量父代受教育程度信息对预测子代受教育程度信息的准确程度衡量教育代际传递。

根据使用 PRE 分析方法对我国代际教育传递的估计结果，使用 PRE 法估计的我国代际教育传递随时间变化呈现先降后升的“U”形。在 20 世纪 70 年代中后期，我国代际教育传递程度达到底端，随后逐渐上升。这与之前的结论一致。如图 4-2 所示。

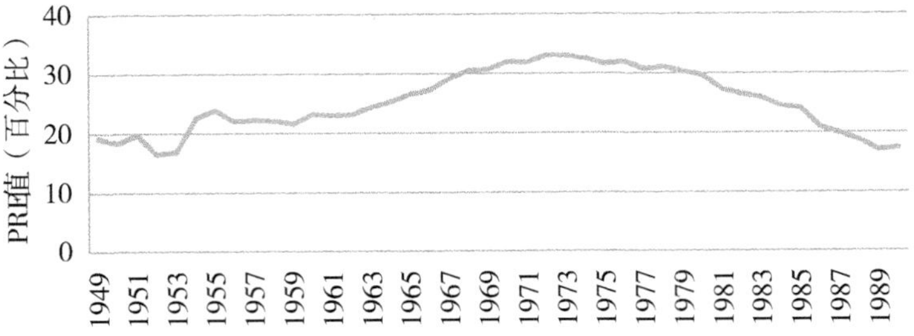

图 4-2　代际收入传递随时间变化的估计结果(PRE 法)

第四节　教育与代际收入传递

接下来将对教育在代际收入传递中是否有显著作用进行检验。运用 KHB 法(Breen/Karlson/Holm2010；Karlson/Holm/Breen 2011)将父代收入对子代收入的影响进行分解。该方法主要运用在将变量的总效应分解为直接效应和简介效应。父代收入对子代收入传递效应可以分解为间接效应和直接效应①。间接效应是以父代收入通过影响教育(中间变量)从而影响子代收入的效应。直接效应为收入代际传递中除教育为中间变量的间接影响以外的影响。父代的收入影响子代收入机制和中间变量是多样化的，这里的直接效应与间接效应仅针对中间变量为教育变量。如果作为中间变量的教育在收入代际传递中有显著影响，那么教育是政府在提高收入代际流动的政策方向。政府对教育做出政策选择，以降低收入代际传递，增强经济活力。

模型中自变量包括中间变量和关键变量，关键变量即为待分解的变量。在结果输出中，删减模型(Reduce)表示不包含中间变量的模型，对应的关键变量系数表示总效应；总模型(Full)表示包含中间变量的完整模型，对应的关键变量系数表示直接效应；差异值为总效应与直接效应之差，为

① Blau, P. M., O. D., Duncan, The American Occupational Structure. New York: John Wiley, 1967.

间接效应。

表 4-3 列示了 1945—1990 年(子代出生年份)以教育为中间变量收入代际传递效应分解的结果。模型(1)中以子代教育为中间变量，检验了子代教育作为中间变量在收入代际传递中的作用；模型(2)中以父代教育为中间变量，检验了父代教育在收入代际传递中的作用；模型(3)中以父代和子代教育为中间变量，检验了教育在收入代际传递中的作用。总效应列数据表示排除教育变量时父代收入变量的系数；直接效应表示包含教育变量时父代收入变量的系数；间接效应为总效应与直接效应之差，为父代收入通过教育对子代收入影响。根据表，直接效应系数在 1%的显著性水平上均显著，这表明在排除中间变量子代教育后，父代收入对子代收入有显著的直接影响；间接效应系数在 1%的显著性水平上均显著，父代收入通过教育对子代收入均有显著的间接影响。因此，我们可以得出，教育在代际收入传递的过程中具有显著的作用。

表 4-3　　以教育为中间变量收入代际传递效应分解的结果

	(1)	(2)	(3)
Reduced	0.582*** (41.54)	0.638*** (31.64)	0.646*** (31.67)
Full	0.517*** (34.77)	0.625*** (28.56)	0.575*** (24.81)
Diff	0.0648*** (11.24)	0.0126 (1.48)	0.0707*** (5.94)

第五节　公共教育支出影响收入代际传递的结果

一、公共教育支出现状

(一)我国政府各类公共支出情况

表 4-4 展示了我国 2007—2016 年的公共教育支出、医疗卫生支出、社

会保障与就业支出占当年全部财政支出的比重。

根据表4-4的统计情况，我们可以看出在这三类对居民职业地位获得产生直接或间接影响的公共支出中，教育支出在财政支出中的占比最高，其次为社会保障与就业支出，而医疗卫生支出在历年财政支出中所占的比重最低，到2016年底，其比重仍然低于10%。从时序变化上看，公共教育支出从2007年到2016年总体上存在小幅度的上升；医疗卫生支出所占比重呈现出了持续上升的趋势；而社会保障与就业支出占比总体上基本不变，在不同的年份中存在上升或下降的小幅波动。由此可见，近年来我国对于医疗卫生的建设和投入在不断加大。

从三类支出总体所占比重上看，虽然该比重在近十年来呈现出总体上升的趋势，但从量上考虑，可以发现这三类对居民职业地位获得产生相对较大影响的公共支出在2016年占财政总支出的比重也仅为33.46%。

从这三类支出的性质上看，均属于非经济性公共支出，由此可见我国存在着非经济公共支出水平较低的状况，这对财政支出公平效应的发挥和公共服务均等化目标的实现不利，也不利于我国居民职业地位获得机会均等的实现。

表4-4　　**2007—2016年各类公共支出情况**

年份	教育支出	医疗卫生支出	社会保障与就业支出	合计
2007	14.31%	4.00%	10.94%	29.25%
2008	14.39%	4.40%	10.87%	29.67%
2009	13.68%	5.23%	9.97%	28.88%
2010	13.96%	5.35%	10.16%	29.47%
2011	15.10%	5.89%	10.17%	31.16%
2012	16.87%	5.75%	9.99%	32.61%
2013	15.69%	5.91%	10.33%	31.93%
2014	15.18%	6.70%	10.52%	32.41%
2015	14.94%	6.80%	10.81%	32.55%
2016	14.95%	7.01%	11.50%	33.46%

数据来源：国家统计局网站。

(二)公共教育支出供给状况

公共教育支出是国家财政支出的重要的组成部分，图 4-3 显示了 2007—2016 年我国财政性教育经费支出情况。十年间，我国公共教育支出从 2007 年的 7122. 32 亿元上升到 2016 年的 28072. 78 亿元，增长了 3 倍。2007 年到 2012 年，公共教育支出保持较大的增速，2012 年到 2014 年，公共教育支出增速放缓。总体来说，从图 4-3 中我们可以看出，我国公共教育支出不断加大。

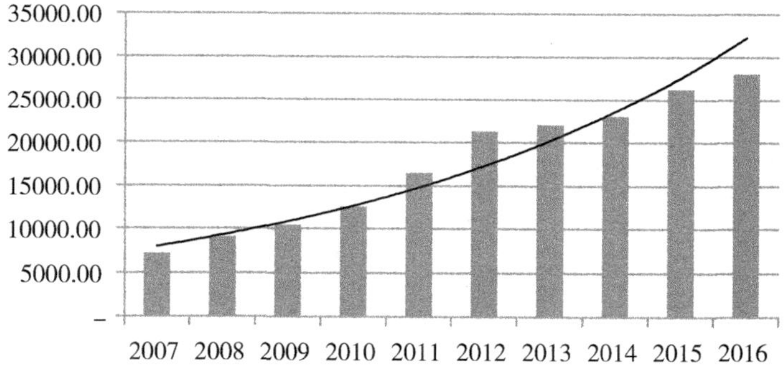

图 4-3　2007—2016 年国家公共教育支出(单位：亿元)

从上文中我们可得出我国公共教育支出不断加大且平稳增长，那么人均公共教育支出情况如何呢？为了与 CHNS 数据的一致性和可比性，我们选取了 2000—2011 年 CHNS 数据调查的 12 个省市，辽宁、江苏、贵州、河南、广西、北京、重庆、山东、上海、黑龙江、湖南和湖北国家财政性教育经费。为了得到人均公共教育支出，我们选取相应年份年末当地省市常住人口，通过人均公共教育支出=各省市财政性教育经费÷各省市年末常住人口，计算得出表 4-5。由表中可知，各省份人均公共教育支出在不断增长，北京、上海等地在 2010 年以后基本达到 2000 元以上，河南、湖南、湖北人均支出较低，为 800~900 元，但也在逐年增长。这说明我国对公共教育加大重视，不断增加公共教育支出。同时也可以看到，发达省份更加

表 4-5　　**2000—2011 年各省人均国家财政性教育经费数据(单位：元/人)**

年份	2011 年	2010 年	2009 年	2008 年	2007 年	2006 年	2005 年	2004 年	2003 年	2002 年	2001 年	2000 年
北京	3109.14	2618.03	2329.41	2164.35	1894.97	1587.93	2183.06	1998.31	1733.10	1542.08	1560.27	1245.07
上海	2490.13	1913.75	1730.91	1716.05	1580.14	1348.81	1455.37	1245.75	1090.42	1016.12	919.62	892.93
江苏	1489.87	1173.54	947.77	835.46	680.99	515.80	482.43	411.99	349.56	315.50	270.23	248.60
辽宁	1443.28	1105.08	954.57	851.66	698.15	530.06	487.96	420.75	342.77	305.37	269.69	245.38
重庆	1312.80	1002.85	813.06	638.82	522.65	383.55	341.84	296.03	248.05	229.21	191.17	154.61
山东	1164.79	837.48	672.10	610.29	507.70	374.57	323.51	279.04	250.95	230.63	211.13	188.00
贵州	1115.47	902.32	757.78	639.65	459.85	321.90	276.52	209.25	178.92	172.20	133.40	109.51
广西	1056.11	865.68	628.39	550.26	431.70	327.67	259.43	216.93	197.50	191.73	163.44	132.62
黑龙江	1006.64	830.46	721.89	692.59	537.42	409.16	395.01	358.94	321.66	287.63	263.33	219.58
河南	989.80	723.05	618.65	527.83	435.42	302.25	251.32	202.36	175.80	161.81	140.93	121.27
湖南	886.38	697.88	629.28	538.57	413.63	290.16	263.86	210.44	183.26	173.69	151.18	130.71
湖北	831.51	670.07	595.68	491.16	403.08	279.50	294.43	268.81	238.84	227.86	201.55	171.62

重视教育的作用，公共教育支出相对较高，有助于教育公平性，而其他省份与发达省份还存在一定差距，从而可能造成省份之间的差异，降低全国的教育代价流行性。

为了更好地观察人均公共教育支出趋势以及地区差异，将表中数据制成图 4-4。从图中我们可以看出，与公共教育支出不一样的是，人均公共教育支出在波动中上升，2012 年之后上升幅度较大；北京地区人均公共教育支出最高，上海次之，北京和上海的人均公共教育支出远高于其他 10 个省市。北京、上海、黑龙江的人均公共教育支出上升幅度较高，其他省份较为平缓。

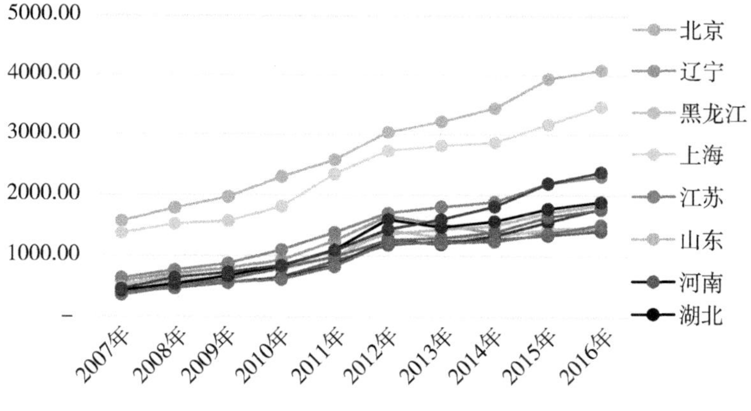

图 4-4 2007—2016 年各省人均公共教育支出(单位：元/人)

二、公共教育支出对居民职业地位获得的影响

(一)多元回归模型

公共教育支出通过影响子代教育获得从而影响子代职业地位，改革开放以来，义务教育的普及和高教教育的改革，大幅度提高了劳动者的素质和技能，为个体摆脱家庭背景的影响，实现向上流动提供了内在基础(AC Ruiz，2016；周兴，张鹏，2014；王学龙，袁易明，2015；卢盛峰，陈思

霞，2015)。张翼(2011)通过对2008年中国一般社会调查(CGSS)数据的分析发现，我国的农民阶层正快速向工人阶层转化，这与当前城市化和工业化进程的加快密切相关，而随着基础教育不断完善和高等教育的普及，白领阶层也在迅速扩张。虽然社会流动水平总体上在提高，但部分职业阶层仍有逐渐封闭的趋势，农民阶层的代际继承性越来越低，白领阶层的代际继承性却大大增强了。那么，公共教育支出在其中扮演着怎样的角色，需要进一步分析。根据 Becker & Tomes(1979)的代际传递理论分析，结合 Solon & Lee(2006)的方法，建立职业地位获得模型如下：

$$\text{sei}_i = \beta + \alpha_1 \text{fsei}_i + \alpha_2 \text{fedu}_i + \alpha_3 \text{edu}_i + + \alpha_4 \text{health}_i + \gamma A_i + \gamma A_i^2 + \gamma f A_i + \gamma f A_i^2 + \varepsilon_i \tag{4.6}$$

其中，i 代表居民个体，sei_i 表示个体 i 的职业地位，fsei_i 表示个体 i 父代的职业地位，fedu_i 表示个体 i 父代的受教育年限，edu_i 表示表示个体 i 的受教育年限，health_i 表示表示个体 i 的健康水平，A_i 和 A_i^2 分别表示子代个体 i 年龄的一次项和二次项，fA_i 和 fA_i^2 分别表示个体 i 父代年龄的一次项和二次项。ε_i 为随机干扰项，它代表模型中无法衡量的随机因素，服从正态分布，如居民职业地位获得中的基因或环境影响等。

(二)公共教育支出对居民职业获得的影响及时间趋势

表4-6为公共教育支出对居民职业地位获得影响的测算结果，表4-7为公共教育支出对不同年代出生群体职业地位获得的影响。从表4-6表4-7可以发现，公共教育支出项系数在1%水平上显著为正。结合模型，我们可以得出公共教育支出每增加一个单位，个体职业社会经济指数将上升14.81个单位。但从时序变化上看，公共教育支出对从50后到80后的居民个体职业地位获得的正向影响是逐渐减弱的。对于50后来说，每一单位公共教育支出的增加，会引起个体职业社会经济指数20.85个单位的上升。对于80后来说，每一单位公共教育支出的增加，仅引起个体职业社会经济指数13.93个单位的上升。这可能由于在50后60后群体中，国家整体教育水平处于较低阶段，而经济正值上升阶段，对居民公共教育支出不断增

加，教育的边际效用较大，每增加一单位的公共教育投资，带来了更多的教育回报，促进居民教育获得。在79后、80后群体中，国家教育水平整体上升，国家经济逐步稳定，公共教育支出带来的边际效用虽然仍然为正，但在不断下降，所以一单位教育投资的增加带来的职业地位获得效应相较于50后、60后较低。

表4-6　　公共教育支出对居民职业地位获得的影响

因素	相关系数	标准差	t	p
公共教育支出	14.81***	0.63	23.35	0.000
家庭背景×公共教育支出	-0.31***	0.01	-26.27	0.000

表4-7　　公共教育支出对不同年代出生群体职业地位获得的影响

因素	公共教育支出	家庭背景×公共教育支出
50后	20.85***	-0.47***
60后	20.91***	-0.45***
70后	14.31***	-0.30***
80后	13.93***	-0.26***

在了解了公共教育对居民职业地位获得影响的基础上，我们接下来进一步对代际效应进行分析。为分析代际效应，我们加入家庭背景因素，对家庭背景与公共教育支出的交互项进行分析可以发现，在1%水平下，公共教育支出的增加将使得家庭背景社会经济地位对个体职业社会经济地位的影响显著削弱，每一单位公共教育支出的增加，会引起家庭背景社会经济地位对个体职业的影响减少0.31个单位。通过区别不同时代群体，得到公共教育对职业代际传递削弱效应的变化过程。对于50后到80后群体来说，公共教育支出对家庭背景社会经济地位影响的削弱作用在不断逐渐减小。对于50后，每一单位公共教育支出的增加，会引起家庭背景社会经济

地位对个体职业的影响减少 0.47 个单位；60 后群体这一效应下降到 0.45，到 70 后群体时，下降到 0.3，对于 80 后，每一单位公共教育支出的增加，仅引起家庭背景社会经济地位对个体职业的影响减少 0.26 个单位。这进一步说明目前我国教育代际传递存在逐步固化的状态。对于 50、60 后群体，国家对社会经济和教育发展具有掌控力，且收入分配处于比较公平状态，大部分国民收入水平类似，大部分也处于较低层次的职业地位，个人教育支出不会有很大区别。目前，我国公共教育支出的增加导致后代的教育水平提高，增加了底部阶层子代职业阶层的上升，从而削弱代际职业传递。而 70 后 80 后群体中，居民收入水平不断提高，父代阶层不断上升，对子代教育的支出也在增加，公共教育支出此时更多的影响底层群体子代教育水平，对于顶层阶级的代际职业传递并没有太大削弱效果，导致整体公共教育效果的下降。

(三)公共教育支出对城乡居民职业地位获得的影响比较

户口所代表的身份特征不仅影响父代自身，也不可避免地通过教育机会的获得等结构性因素影响子代的命运。对于流动人口的子女而言，《义务教育法》规定的在户籍所在地学校就近入学的原则无形中在国家最高政策上就给他们实现平等受教育权设置了难以逾越的障碍，而目前的高考招生政策明确要求按照户籍报名，这种粘附于户籍之上的教育资源分配原则更加阻碍了流动人口实现向上的社会流动，贫困群体向上流动通道如果不能通过教育途径有所改善，将会对社会和谐发展以及社会公平产生不利影响，并成为集结多种社会矛盾的重要根源。对于留守子女而言，户籍制度迫使他们无法跟随父母完成所有阶段的教育，长期分离现状使得留守子女问题频生，身心健康都得不到保障。不公平的受教育机会和长期的人口分割导致他们过早地进入劳动力市场，成为“新生代农民工”，历经了整整一代人的打拼和牺牲，他们依然沿着父辈原有的人生轨迹前进，成为社会的隐痛。

由于户籍差异既表现为农业与非农业之间的城乡差异又表现为本地与

外地之间的地域差异，因此以往关于城镇流动人口与城镇当地居民子女教育之间的差别既有可能是城乡或地域因素的单独作用，又有可能是二者的共同作用。鉴于此，我们按照户籍属性和居住地两个维度将父代划分为以下四种类型：分为流动居民、新城镇居民、城镇居民和农村居民。

表 4-8 为公共教育支出对不同户籍特征居民职业地位获得的影响。由表中的数据可知，公共教育支出对流动居民职业地位获得的有较大作用，但对城镇居民的职业地位获得作用较小。此外，流动居民的公共教育支出对其家庭的社会经济地位的影响的有较大的削弱作用。新城镇居民和农村居民公共教育削弱作用次之，而对于城镇居民，这一削弱效应较小。

1. 对流动居民职业地位获得的影响

对于流动居民群组的个体，公共教育支出每增加一个单位，个体职业社会经济指数将上升 37. 58 个单位。对家庭背景与公共教育支出的交互项进行考虑，我们得到在 1%水平下，公共教育支出的增加将使得家庭背景社会经济地位对个体职业社会经济地位的影响显著削弱，公共教育支出一个单位的增加，会减少 0. 87 个单位家庭背景社会经济地位对个体职业的影响。一方面，流动居民大多为家庭收入较低，父代职业处于较低阶层，对子代教育投资较少，使得子代职业地位获得指数较小；另一方面，公共教育支出增加流动人口子代教育获得，增强子代职业地位向上流动，较大程度上削弱家庭背景对子代职业地位的影响。

2. 对农村居民职业地位获得的影响

对于农村居民群组的个体，公共教育支出每增加一个单位，个体职业社会经济指数将上升 19. 90 个单位。对家庭背景与公共教育支出的交互项进行考虑，我们得到在 1%水平下，公共教育支出的增加将使得家庭背景社会经济地位对个体职业社会经济地位的影响显著削弱，公共教育支出一个单位的增加，会减少 0. 45 个单位家庭背景社会经济地位对个体职业的影响。农民群体自身对子代教育支出存在一定限制，公共教育支出的增加可以很大程度上为农民居民子代教育提供更多机会，实现职业代际向上流动，从而削弱家庭背景的作用。

3. 对新城镇居民职业地位获得的影响

对于新城镇居民群组的个体，公共教育支出每增加一个单位，个体职业社会经济指数将上升 17.05 个单位。对家庭背景与公共教育支出的交互项进行考虑，我们得到在 1%水平下，公共教育支出的增加将使得家庭背景社会经济地位对个体职业社会经济地位的影响显著削弱，公共教育支出一个单位的增加，会减少 0.40 个单位家庭背景社会经济地位对个体职业的影响。新城镇居民是在流动到某一地区后获得当地户口的群体，这一群体一般具有较高教育水平，收入水平相对较高，对子代教育支出也较高。此时公共教育支出只能在一定程度上提高子代职业地位，对家庭背景的影响削弱效应存在限制。

4. 对城镇居民职业地位获得的影响

对于城镇居民群组的个体，公共教育支出每增加一个单位，个体职业社会经济指数将上升 11.69 个单位。对家庭背景与公共教育支出的交互项进行考虑，我们得到在 0.1%水平下，公共教育支出的增加将使得家庭背景社会经济地位对个体职业社会经济地位的影响显著削弱，公共教育支出一个单位的增加，会减少 0.23 个单位家庭背景社会经济地位对个体职业的影响。城镇居民职业地位较高、收入水平较高，城市户籍也给他们的教育带来便利，能够获得更好的教育资源。公共教育支出对其子代教育的影响较小，从而对其职业代际传递的削弱效应也较小。

表 4-8　**公共教育支出对不同户籍特征居民职业地位获得的影响**

因素	公共教育支出	家庭背景×公共教育支出
流动居民	37.58***	−0.87***

续表

因素	公共教育支出	家庭背景×公共教育支出
新城镇居民	17.05***	-0.40***
城镇居民	11.69***	-0.23***
农村居民	19.90***	-0.45***

三、公共教育支出对收入代际传递的影响

本节主要使用的数据有：(1)CHNS 调查 2009 年、2011 年两轮调查数据。主要目的是考察公共教育支出对个体收入的影响，本部分实证分析中选择 CHNS 数据中 2009 和 2011 年的调查数据；(2)国家统计局网站数据和各省、自治区、直辖市 2000—2011 年的《统计年鉴》。

为了考察政府公共教育支出对个体收入代际传递的影响，建立多元回归模型，如下所示：

$$\begin{aligned}\text{In}(y_i^c) = \beta + \alpha_1 \ln(G_i) + \alpha_2 y_i^p + \alpha_3 \ln(G_i) * \text{In}(y_i^p) \\ + \gamma_c A_c + \varphi_c A_c^2 + \gamma_p A_p + \varphi_p A_p^2 + \varepsilon_i \end{aligned} \tag{4.7}$$

其中，y_i^c 表示子代收入，模型中取对数；y_i^p 表示父代收入，G_i 人均公共教育支出，模型中取对数；$\ln(G_i) * \text{In}(y_i^p)$ 表示父代收入与公共教育支出的交叉项。A_c 和 A_c^2 分别表示子女年龄的一次项和二次项，A_p 和 A_p^2 分别表示父代年龄的一次项和二次项。ε_i 为随机误差项，模拟模型中如基因、环境等无法衡量的随机因素。

四、公共教育支出对收入代际传递影响估计结果

政府公共政策追求的两个重要目标分别是机会均等和收入平等。但是，政府可以通过什么样的公共政策来调节代际收入的流动性，从而实现这两个目标？以教育为代表，人力资本是代际收入流动性的重要传递机制，已被国内外相关研究广泛证实。摆脱阶级束缚、获得公平就业机会、实现向上流动的重要方式是提高受教育的水平。那么，作为政府促进教育

公平的政策，公共教育支出是否可以在改善代际收入流动方面发挥作用？

上文分析了教育在收入代际传递中具有显著的作用，因此我们可以通过对教育施加公共政策，从而改善收入代际传递。接下来我们将对我国公共教育支出是否对收入代际传递产生影响，产生何种影响进行实证检验。

表 4-9 为公共教育支出对收入代际传递影响的测算结果。从表 4-9 中可以发现，公共教育支出项显著为正，结合模型，我们可以得出公共教育支出可以提高子代收入水平。公共教育支出增加一个单位，收入水平提升 1.21 个单位。考虑公共教育支出与父代收入交叉项可以发现，其系数在 10%的显著性水平下为负，公共教育支出会显著的削弱收入代际传递，这为改善收入代际传递、促进社会流动提供了合理且有效的政策导向。

表 4-9　　　　**公共教育支出对收入代际传递的影响**

因素	相关系数	标准差	t	p
公共教育支出	1.21***	0.50	2.67	0.008
父代收入×公共教育支出	-0.09*	0.05	-1.71	0.088

第六节　结论与政策建议

一、主要发现与结论

首先，本章研究了公共教育支出对居民职业获得以及职业代际传递的影响。公共教育支出项系数在 1%水平上显著为正，公共教育支出每增加一个单位，个体职业社会经济指数将上升 14.81 个单位。但从不同时期群体上看，公共教育支出对从 50 后到 80 后的居民个体职业地位获得的正向影响是逐渐减弱的。加入家庭背景因素，对家庭背景与公共教育支出的交互项进行分析可以发现，在 1%水平下，公共教育支出的增加将使得家庭背景社会经济地位对个体职业社会经济地位的影响显著削弱。通过区别不同时代群体，得到公共教育对职业代际传递削弱效应的变化过程。此外，通过区分不同户籍群体发现，公共教育支出对流动居民和农村居民的职业地位获得影响最强，但对城镇居民的职业地位获得影响较弱。此外，流动居民的公共教育支出对其家庭的社会经济地位的影响的有较大的削弱作用。新城镇居民和农村居民公共教育削弱作用次之，而对于城镇居民，这一削弱效应较小。

接着，研究了公共教育支出对收入传递的影响。公共教育支出可以提高子代收入水平，通过研究父代收入与公共教育支出的交互项，我们得出公共教育支出可以在一定程度上削弱父代收入对子代收入的代际影响。

二、政策建议

1. 加大公共教育支出，改善教育投资结构

加大教育经费的投入，改善不同受教育水平的家庭群体的教育投资的差异，从而促进教育代际流动，进一步促进社会公平。我国公共教育支出经费占国内生产总值的比重仍然偏低，仍有较大改善的空间。对于公共教育支出，我们既要考虑量上的增加，也要考虑投入方向的优化，同时结合其他公共政策，共同改善不同受教育水平的家庭之间的教育投资结构。由于教育机会结构性不平衡状况的存在，农村子代在人力资本积累的初始阶段已经落后于城镇子代，进而加剧两者的教育差异。因此中央和地方政府在加大教育财政支出，改善教育硬件设施的同时，应及时关注农村教育资源严重匮乏的严峻形势，保障城乡教育的公平性。一方面，我们要坚持对教育的投入，加大公共教育支出和财政性教育经费支出。在支出的同时，我们要侧重于对经济欠发达地区的教育经费投入，为当地的教育发展提供必要的保障。制定优惠政策，加强农村中小学师资队伍建设，加强农村师资培训力度、提高农村教师个人补助，吸引优秀人才支援乡村教育建设；另一方面，政府可以通过配套措施和政策，鼓励其他教育经费来源。这些政策包括但不限于鼓励社会资本进入公共教育领域，同时政府配套优惠政

策；完善我国的税收制度，在个人层面，对教育性社会捐赠予以税收减免；在组织层面，政府鼓励各种基金对教育事业的捐赠行为。

2. 注重高校教育设施建设，提高教学质量

高校应该大力进行教育基础设施建设，以保证足够的人均教学资源，提高高等教育质量。高等教育扩招促进受教育程度较低的家庭群体的子女的教育获得。高校在扩大招生规模的同时，应注重本校硬件设施和软件设施的建设。硬件设施方面包括根据招生人数配备合适的教学大楼、图书馆，完善现代化、高科技的教学设备等；软件设施方面包括师资力量的加强、教学管理模式和理念的转变等方面。

3. 促进高等教育结构与产业结构相适应，提高教育回报率

在高等教育扩招的同时，应注重高等教育结构与产业结构的适应性，从而有利于教育回报率的提高。目前，我国教育结构与产业结构、企业需求的矛盾日益突出，教育结构的调整迫在眉睫。我国高等教育结构的调整应按照主动适用产业结构的思路，根据自身的发展，去主动和积极适用市场的需求，最终达到引领经济增长和经济结构转型的目标。高等教育扩招政策在特定的背景下有其积极的作用，现今，高等教育不应该只拘泥于量上的提高，更应该注重质量的优化。高等教育应明确不同层次人才培养侧重点，形成合理的人才“金字塔”结构。

第五章
基础教育支出的效率分析

第一节　基础教育支出的重要性

近些年，我国教育经费快速增加，2014年国家财政性教育经费为26420.58亿元，比上年增长7.89%，占国内生产总值(GDP)的比例为4.15%，达到国际标准。但教育经费的快速增加是否提高了教育质量、各地的教育支出效率如何等成为人们关心的问题。

当前的分税制财政体制对地方政府的自主性提出了更高的要求，一个地区的财政体制安排和政府竞争程度对该地区财政状况有着直接影响。这种影响不仅表现在政府的收支上，更表现在政府提供公共服务的效率上，教育支出效率就是一个典型。基础教育支出是政府财政支出的重要方面，制度因素对基础教育支出效率的影响可能体现在两个方面：一方面，财政分权体制下地区间财力非均衡的影响。各地方政府在财力有限的情况下，可能更倾向于直接带来经济效益的生产性领域，因此可能会导致基础教育等非生产领域支出效率的下降；另一方面，由于中央政府对地方政府的绩效考核，地方政府在提供非生产性公共产品时又面临地区间竞争的压力，因此可能导致基础教育支出效率的提高。此外，政府竞争带来教育事权的分散转移，一方面能够使其更加适应地方经济和社会发展的需要，提高教育管理效率，但同时也可能引起地区间教育协作的缺乏，最终导致地区间教育水平发展不平衡。本章拟重点研究财政分权体制下的政府基础教育领域的支出效率，并对教育支出效率的影响因素进行分析，其中着重考察了由分权导致的政府竞争的影响。本章试图回答如下两个问题：一是各省教育支出效率在最近十五年内变化情况如何，是否存在区域差异；二是从制度视角来看，基础教育的支出效率是否存在区域差异。

已有文献对支出效率的研究大多是基于 DEA-Tobit 两阶段框架模式(朱浩等，2014；史晓晨，2015)，但由于受到凸假设约束，异常值和测量误差的干扰，数据包络分析方法(DEA)的效率测算结果不稳定，导致可比较性低。采用了局部前沿效率测算方法(Tauchmann，2011)，该方法避免了 DEA 模型中的凸假设，order-m 效率和 order- α 效率测算技术可以消除异常值对测算结果的影响，也能在一定程度上降低测量误差的影响。为了研究的可比较性，首先，本章在采用局部前沿效率测算方法的同时，采用 DEA 方法测算了各省级政府教育支出的效率得分，以检验局部前沿效率测算方法有效性；然后，采用受限 Tobit 随机效应面板数据模型探讨了基础教育支出效率的影响因素。

第二节　基础教育支出效率的测度与影响因素

一、基础教育支出效率测度

关于政府公共支出效率测量方法的文献主要分为两类，参数方法和非参数方法。参数方法中使用最广泛的是随机前沿分析法(SFA)(Aigner et al.，1997)，该方法通过对经典回归模型中的随机误差项的非正设定来体现生产中的非效率情形。非参数模型如数据包络分析(DEA)(Charnes et al.，1978)和特殊情形自由处置包(FDH)(Deprins et al.，1984)不通过回归方法构建分析框架，而是采用非参数方法对数据样本的边缘进行分段线性包络。DEA 方法基于凸假设实现对数据的包络，而 FDH 则放弃了凸假设，其效率边界是非凸的阶梯形状(Ji & Lee，2010)。

相关研究对参数和非参数方法的优缺点探讨较多。参数方法严重依赖函数形式以及随机误差的分布；非参数方法在计量实证研究中采用更多，但在处理数据异常值方面存在较大问题，并且容易受到测量误差的影响。为解决非参数方法存在的问题，基于 FDH 方法，Cazals et al.（2002）提出了 order-m 效率测度方法，Aragon et al.（2005）提出了 order-α 效率测度方法。以上两种方法均允许效率前沿之外超级效率点的存在，因此，二者所测度的效率前沿不受异常值的影响，同时降低测量误差的影响。以上两种方法可统称为局部前沿法（partial frontier approaches），该方法可以克服 DEA 和 FDH 方法易受异常值干扰的问题。

二、制度因素对基础教育支出效率的影响

分权体制导致财政收入不平衡，从而影响地方政府的基础教育支出水平。分税制改革的一大核心是将国家的教育事权分散到中央和地方，并以地方自主管理为主，财权的上收和事权的下放导致地方政府收不抵支；政府作为义务教育服务的主要供给者，其供给状况很大程度上依赖于政府自身的财政收支状况，而为了解决地方财政收不抵支的现状，地方政府之间竞相展开收支竞争。“用脚投票”机制的存在使地方政府之间为改善公共服务而展开竞争，对政府支出效率的提高有促进作用。傅勇、张晏（2007）的研究表明，在中国垂直模式的财政分权以及基于政绩考核下的政府竞争背景下，财政分权度越高，非生产性公共服务部门财政支出越少，并伴随着效率的下降。续竞秦、杨永恒（2012）认为，财政自主权对地方政府基本公共服务供给效率有显著的正效应。

已有的实证研究在财政分权对教育支出的影响上存在争议。第一种观点认为财政分权对教育支出效率存在正面影响。席鹏辉（2014）利用 DEA 模型实证研究了中国 31 个省市自治区的财政支出效应，发现财政分权对财政支出具有显著的正效应。第二种观点认为财政分权对教育支出效率存在负面影响。周亚虹（2013）认为，以财政自主度衡量的财政分权显著地减少了地方政府的公共教育供给；而 Li 和 Zhou 认为，政府竞争体制以国内生产总值为主要的考核指标，而科教文卫投资的增长效应在短期内并不显著，因此地方政府存在轻视科教文卫投资、重视基本建设投资的制度激

励。程侃(2013)认为分权体制下，地方政府的财力越丰沛，基础教育支出的效率越低。

通过以上分析，我们发现：第一，国内对于政府公共部门支出效率或者部分特定服务部门支出效率的研究较为普遍，但是对基础教育支出效率的分析并不多见；第二，国内现有文献对教育支出效率的研究大多数停留在个别省市阶段或是基于政府横截面数据的讨论，对全国各省级政府使用面板数据分析基础教育支出效率的研究还较为少见；第三，目前尚未发现采用局部前沿效率测度方法对基础教育支出效率的可靠分析。

第三节 局部前沿效率测算方法

本章采用 Tauchmann(2011)提出的 order-m 以及 order- α 效率方法测算中国基础教育的支出效率。与 FDH 效率测算方法相比，order-m 以及 order- α 效率测算方法更为一般化，也更加灵活。我们主要从投入方面测算基础教育的效率。假设存在 N 个决策单元，即基础教育支出的决策单元，也就是省份为决策单元，分别为 DMU_i，$i=1$，…，N；一组生产产出要素，x_{i1}，…，x_{ik}。投入导向的 FDH 效率计算方式为：

$$\hat{\theta}_i^{\mathrm{FDH}} = \min_{j \in B_i}\left\{ \max_{k=1,\ \cdots,\ K}\left\{\frac{x_{kj}}{x_{ki}}\right\}\right\} \tag{5.1}$$

我们可以看出，FDH 计算效率时使用了所有的 DMU 样本，而 order-m 方法不同，该方法通过对全部 DMU 样本集合进行抽样，对抽取的样本再计算 FDH 效率，然后重复以上过程，最后取以上计算 FDH 效率的均值作为 order-m 效率。因此，order-m 方法可以看作是 FDH 方法的在处理特殊值情形下的改进，重复抽样的次数和抽样的样本数(m)均会对该方法计算的效率结果产生影响。除了采用重新抽样的方法改进 FDH 方法外，order- α 方法则直接通过剔除效率边界之外的超级效率点来改进 FDH 方法，剔除超级效率点的方式主要通过 α 来直接给定，α 取 100 时，意味着没有剔除任何超级效率点，测量的效率结果与 FDH 方法相同。图 5-1① 为采用数据模拟的方法展示了以上三种效率测度效果的比较，为了与传统 DEA 方法做比较，图 5-1 也给出了 DEA 效率测量的效率边界。

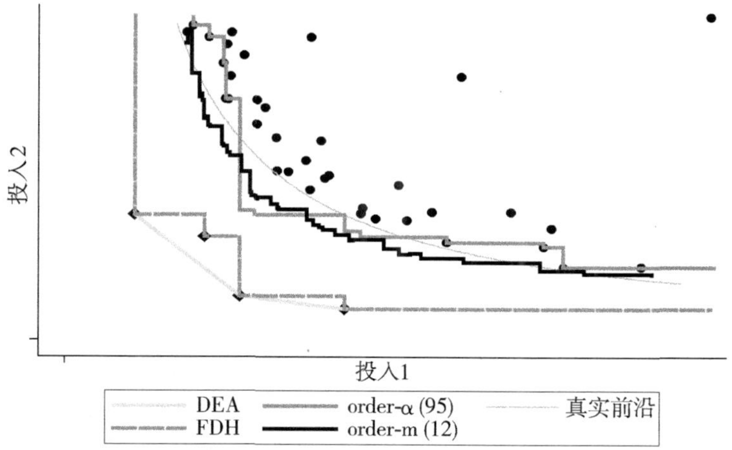

图 5-1　DEA、FDH 及局部效率前沿测算结果的比较分析图

第四节　基础教育支出的经验分析

一、数据与变量

本章的研究对象为地方政府基础教育支出效率，故我们将全国 30 个省级政府②的地方教育系统作为 30 个决策单元。考虑到数据的可获取性和研究时间跨度，我们选择 1997—2014 年作为研究时期。本章所使用的全国 30 个省级政府的数据均来自 1997—2014 年各年中国财政年鉴和中国统计年鉴。

① 图 5-1 来源于 Tauchmann H. Partial Frontier Efficiency Analysis for Stata[J]. Stata Journal，2012.

② 由于西藏省的数据缺失较多，本书未将西藏省包括入内。

为了估算相对效率，我们需要各省教育投入和产出的统计数据。在投入变量方面，由于中国的财政支出中包括了相当比例的预算外部分，因此在核算各省教育支出效率得分时，我们选择各省的人均决算教育支出代表各省为了提供教育服务所消费的资源，考虑到计量模型对数据平稳性的要求，我们对其进行取对数处理。产出变量方面，直接测量地方政府的教育生产结果是有困难的，适龄人口比重的大小意味着教育存量需求大小，相比于高等教育，义务教育扩展的成本就更大，这种成本是决定效率水平的关键因素之一，因此义务教育对于地方教育效率影响的层次更深。我们利用各省中小学校数、专任教师数、在校学生数以及初中升学率作为产出变量，并对其进行了处理，用各省中、小学生数分别除以各省中、小学校数，作为每所中、小学校平均负担的中、小学生数，用各省中、小学生数分别除以各省中、小学教师数，作为每名中、小学教师平均负担的中、小学生数。所得四项数据均取对数，分别用 EDU1、EDU2、EDU3、EDU4 表示。初中升学率为各省当年高中招生数与初中毕业生数的比值。

财政分权度衡量主要有三种方法：第一种方法采用地方政府支出(或收入)在政府总支出(或收入)中所占比重来衡量财政分权度，这也是实践中运用最广的方法；第二种采用自由收入的边际值或增量值来衡量，但是边际取值较困难，进而使衡量结果不可靠，同时人们更多地关注整体而非边际财政分权效应；第三种是糅合预算内外收支构造财政分权度的衡量指标，但是，由于预算外收入与支出数据的归集具有较大的主观性和随意性，该方法在研究实践中的推广价值仍然值得怀疑。本章基于第一种方法进行改进，采用各省政府人均预算支出与中央和地方政府人均本级预算支出之和的比值来衡量。使用人均概念衡量财政分权度排除了地方经济和人口等既有要素差异的影响；另外，该指标考虑到我国垂直财政体系，将地方政府和中央政府的支出数据有效结合，以更贴合实际。

地方政府竞争变量，我们依据郑磊(2008)提出的衡量指标，用各省实际利用的 FDI 与当年全国实际利用的 FDI 的比值来表示。

其他因素也会对教育支出效率产生影响。王敏(2005)通过分析得出，由于各级各类学校的发展都存在规模效益的问题，适当扩大和保持适度的学校规模是提高教育投资经济效益的重要途径。康建英、田茹(2010)提出，人口结构和学龄人口的转变影响到了规模效率和技术效率，西部大开发战略的实施使西部地区的中小学教育经费效率显著提高，同时对缩小区域教育差距有着重要影响。

结合以上研究，本章选择的控制变量如下：第一，经济发展水平对教育支出效率有着深层次的影响。地区经济要依赖于良好的发展环境，这与公共服务的水平和效率紧密相关，而教育服务作为公共领域的知识性生产力，在地区经济后续发展方面有很强的助推力量；第二，地区人口变量对教育支出效率也有影响，人口密集区对于政府行为的反应程度会更高；第三，地方政府的教育支出水平会对基础教育支出效率会产生影响。综上，我们选取人均实际 GDP(元/人)、人口密度(人/平方千米)和人均教育支出作为经济、人口和投入三个方面的效率影响因素。其中，人均实际 GDP 通过以 1997 年为基数的 GDP 平减指数对 1997—2014 年各省人均 GDP 进行平减，并取对数；人口密度为各省人口除以该省面积，取对数；教育支出考虑到人口规模的因素取了人均。

最后，考虑到政府的财政状况对其支出的影响，我们用地方政府预算收入占预算支出的比重作为衡量预算约束的代理变量(郑磊，2008)。① 表 5-1 列出各面板数据的描述性统计。

表 5-1 显示，体制变量方面，我国整体财政分权水平相对较高，中部地区分权水平低于东部和西部地区；政府竞争程度较低，地区差异明显，东部地区竞争度远大于中部和西部地区。其他变量方面，人均实际 GDP 以东部地区水平最高；除人均教育支出外，其他教育变量各地区差异都较小。代理变量方面，预算约束变量的地区差异较大，东部地区均值最高。

① 一般来说政府财政支出要大于收入，赤字是常态，因此这里我们用财政收入占支出的比重作为约束变量。

表 5-1　　各变量的描述性统计①

	变量名称	全国		东部地区		中部地区		西部地区	
		均值	标准差	均值	标准差	均值	标准差	均值	标准差
体制变量	财政分权度	0.7647	0.0971	0.8013	0.0874	0.7189	0.0925	0.7613	0.0953
	政府竞争度	0.0531	0.0777	0.1067	0.0791	0.0304	0.0236	0.0161	0.0724
其他变量	人均实际 GDP	8.7767	0.4715	9.2347	0.3809	8.6000	0.2213	8.4470	0.2912
	人口密度	5.3952	1.2580	6.3635	0.7035	5.5282	0.5706	4.3301	1.2262
	人均教育支出	5.9758	1.0630	6.2435	0.9899	5.7096	1.0326	5.9019	1.0994
	EDU1	5.7825	0.4618	6.0795	0.4445	5.5930	0.3631	5.6234	0.3865
	EDU2	6.8680	0.2280	6.9375	0.2097	6.8414	0.1886	6.8180	0.2541
	EDU3	2.9133	0.2249	2.8651	0.2136	2.8966	0.2328	2.9738	0.2174
	EDU4	2.7703	0.1792	2.7144	0.1971	2.7934	0.1731	2.8094	0.1489
	初中升学率	0.4246	0.1242	0.4426	0.1280	0.3994	0.1204	0.4249	0.1203
代理变量	预算约束	0.5350	0.1867	0.7257	0.1323	0.4702	0.0862	0.3913	0.1052
样本量		540		198		144		198	

二、效率测算结果比较

为了比较各测算方法的效果，我们利用人均教育支出和地方政府教育产出指标，采用 DEA、FDH、order-m 效率和 order-α 效率方法分别测算了 1997—2014 年中国各省级政府的基础教育支出效率得分。作为指标代表，我们把 1997 年、2005 年以及 2014 年测算结果汇总在表 5-2 中。

① 其中东部地区包括北京、天津、河北、辽宁、上海、江苏、浙江、福建、山东、广东、海南十一省；中部地区包括山西、安徽、江西、河南、湖北、湖南、吉林、黑龙江八省；西部地区包括内蒙古、广西、重庆、四川、贵州、云南、陕西、甘肃、青海、宁夏、新疆十一省。

表 5-2　　中国各省级政府基础教育支出效率(1997、2005、2014)

	省份	1997				2005				2014			
		DEA	FDH	Order-α	Order-m	DEA	FDH	Order-α	Order-m	DEA	FDH	Order-α	Order-m
东部地区	北京	0.79	0.67	0.70	0.69	0.85	0.75	0.77	0.76	0.96	0.87	0.87	0.87
	天津	0.83	0.73	0.75	0.75	0.90	0.80	0.81	0.81	0.99	0.87	0.88	0.87
	河北	0.93	1.00	1.00	1.00	0.93	0.96	0.96	0.96	1.00	1.00	1.00	1.00
	辽宁	0.88	0.85	0.85	0.85	0.91	0.88	0.90	0.89	0.97	0.98	0.98	0.98
	上海	0.86	0.63	0.65	0.65	0.98	0.75	0.77	0.76	0.95	0.89	0.89	0.89
	江苏	0.91	0.83	0.83	0.83	0.99	0.91	0.91	0.91	1.00	0.95	0.95	0.95
	浙江	0.88	0.84	0.85	0.84	0.90	0.84	0.86	0.85	1.00	0.94	0.94	0.94
	福建	0.87	0.82	0.83	0.83	0.93	0.89	0.91	0.91	0.96	0.95	0.96	0.96
	山东	0.92	1.00	1.00	1.00	0.96	1.00	1.00	1.00	1.00	1.00	1.00	1.00
	广东	0.91	0.87	0.87	0.87	0.92	0.90	0.90	0.90	1.00	1.00	1.00	1.00
	海南	0.86	0.83	0.86	0.86	0.92	0.91	0.93	0.92	0.93	0.93	0.94	0.94
	平均值	0.88	0.82	0.84	0.83	0.93	0.87	0.88	0.88	0.98	0.94	0.95	0.95
中部地区	山西	0.86	0.91	0.91	0.91	0.87	0.93	0.93	0.93	0.93	0.98	0.98	0.98
	吉林	0.91	0.88	0.89	0.89	0.93	0.92	0.94	0.93	0.99	0.97	0.97	0.97
	黑龙江	0.90	0.89	0.90	0.89	0.89	0.91	0.93	0.92	0.96	0.98	0.99	0.99
	安徽	1.00	0.97	0.97	0.98	1.00	1.00	1.00	1.00	0.98	1.00	1.00	1.00
	江西	0.99	0.97	0.98	0.98	0.97	0.97	0.97	0.97	0.98	0.96	0.96	0.96
	河南	0.99	1.00	1.00	1.00	0.99	1.00	1.00	1.00	1.00	1.00	1.00	1.00
	湖北	1.00	0.94	0.94	0.94	1.00	0.96	0.96	0.97	1.00	0.98	0.98	0.98
	湖南	1.00	1.00	1.00	1.00	0.96	1.00	1.00	1.00	1.00	1.00	1.00	1.00
	平均值	0.96	0.94	0.95	0.95	0.95	0.96	0.97	0.97	0.98	0.98	0.99	0.99

续表

	省份	1997				2005				2014			
		DEA	FDH	Order-α	Order-m	DEA	FDH	Order-α	Order-m	DEA	FDH	Order-α	Order-m
西部地区	内蒙古	0. 91	0. 88	0. 89	0. 89	1. 00	0. 89	0. 91	0. 90	1. 00	0. 94	0. 94	0. 94
	广西	1. 00	0. 95	0. 96	0. 95	0. 96	0. 95	0. 95	0. 96	1. 00	0. 99	0. 99	0. 99
	重庆	1. 00	1. 00	1. 04	1. 03	1. 00	0. 96	0. 98	0. 97	0. 98	0. 96	0. 97	0. 96
	四川	0. 98	1. 00	1. 00	1. 00	1. 00	1. 00	1. 00	1. 00	1. 00	1. 00	1. 00	1. 00
	贵州	1. 00	1. 00	1. 01	1. 01	0. 96	0. 93	0. 95	0. 94	0. 99	0. 94	0. 94	0. 94
	云南	0. 82	0. 84	0. 85	0. 84	0. 92	0. 92	0. 92	0. 92	0. 99	0. 98	0. 98	0. 98
	陕西	1. 00	0. 95	0. 95	0. 95	0. 94	0. 95	0. 95	0. 95	0. 98	0. 94	0. 95	0. 94
	甘肃	0. 98	0. 95	0. 96	0. 96	0. 97	0. 92	0. 94	0. 93	0. 92	0. 96	0. 97	0. 97
	青海	1. 00	0. 81	0. 84	0. 84	0. 98	0. 87	0. 89	0. 89	0. 92	0. 90	0. 90	0. 90
	宁夏	0. 88	0. 83	0. 86	0. 85	0. 94	0. 89	0. 91	0. 91	0. 98	0. 94	0. 95	0. 95
	新疆	0. 98	0. 81	0. 83	0. 83	0. 89	0. 87	0. 89	0. 89	0. 90	0. 91	0. 91	0. 91
	平均值	0. 96	0. 91	0. 92	0. 92	0. 96	0. 92	0. 94	0. 93	0. 97	0. 95	0. 95	0. 95

注：α 取值 90%，m 取值 10。

由表 5-2 可知，采用 DEA 测算方法的基础教育支出效率水平明显大于采用 FDH、order-m 效率和 order- α 效率的结果。以上结果表明，由于受到异常值的影响，采用 DEA 测算方法的效率前沿边界导致效率边界更高，而采用 FDH、order-m、order- α 测算的基础教育支出效率水平较为接近。因此，采用局部前沿效率测度方法(order-m 效率和 order- α 效率)的估计结果要优于 DEA 方法。

从各省的基础教育支出效率结果来看，各省之间存在较大的差异。具体而言，中部省份的效率水平最高，西部地区次之，东部地区最低；如上海、北京的基础教育支出效率处于全国的最低水平。除此之外，总体而言，中国各省的基础教育支出效率相对较高，大多数省份的效率水平在 0.85 以上，效率水平为 1 的省份达到了 7 个省份。

从 1997—2014 年来看，各省的基础教育支出效率水平在不断上升，个别省份出现下降。平均而言，1997、2005、2014 年东部地区的效率均值分别为 0.83、0.88、0.95，中部地区分别为 0.95、0.97、0.99，西部地区分别为 0.92、0.93、0.95。2005 年达到效率边界的省份 5 个，2014 年达到效率边界的省份达到 7 个。这表明，90 年代中西部的基础教育支出效率高于东部地区，但从时间趋势来看，东部地区的基础教育支出效率提高更快，而中西部地区保持相对稳定的状态。

第五节　制度因素对基础教育支出效率的影响

在第二阶段，我们把测算得到的各省教育支出效率得分作为被解释变量，利用 Tobit 面板数据模型重点考察财政分权和地方政府竞争对基础教育支出效率的影响。回归方程如下：

$$\delta_{it} = \beta_1 FD_{it} + \beta_2 COMPE_{it} + \lambda X_{it} + e_{it} \tag{5.2}$$

其中，效率得分 δ 为被解释变量；FD_{it} 为 i 省第 t 年的财政分权度；$COMPE_{it}$ 为 i 省第 t 年的政府竞争度；X 为向量，代表除上述两个因素之外的其他所有变量；λ 为向量系数；e_{it} 为扰动项。表 5-3 给出了回归估计结果。

表 5-3　　制度因素对基础教育支出效率影响估计结果

变量	全国	东部	中部	西部
财政分权	-0.7450^{***}	-0.712^{**}	-0.879^{***}	-0.787^{***}
	(−6.04)	(−2.61)	(−7.18)	(−5.11)
政府竞争	0.1740^{*}	0.329^{**}	0.0432^{*}	0.649^{*}
	(1.72)	(2.94)	(1.87)	(1.81)
人均 GDP	-0.0893^{***}	-0.128^{**}	0.0940^{**}	0.0294
	(−3.91)	(−2.23)	(2.19)	(0.91)
人口密度	−0.0023	0.00287	0.00231	0.00753
	(0.35)	(0.16)	(0.26)	(1.17)
人均教育支出	0.0630^{***}	0.0593^{***}	0.0344^{**}	0.0372^{**}
	(9.04)	(5.70)	(2.81)	(3.19)
预算约束	0.0644	−0.0394	0.185^{***}	0.110
	(9.04)	(−0.57)	(6.14)	(1.28)
常数项	1.8830^{***}	2.260^{***}	0.403	0.948^{***}
	(14.04)	(7.46)	(1.22)	(4.38)

注：$^{*}p<0.1$，$^{**}p<0.05$，$^{***}p<0.01$。

财政分权变量对教育支出效率在5%的显著水平上影响显著为负，表明分权体制对各地区教育支出效率水平呈负相关影响。财政分权在中部地区降低基础教育支出效率的影响最大、西部地区次之，东部地区的影响最低。这与我们前文得出的结论相符，即中部地区分权水平低于东部和西部地区，而中部基础教育支出效率最高，西部次之，东部最低。而且，分地区的回归结果也检验了区域间基础教育支出效率与经济发展水平之间关系，东部地区经济发展对基础教育支出效率的影响显著为负，而中部地区则显著为正，这表明了基础教育支出效率可能受到其他非经济因素的影响。

虽然分权体制对基础教育支出水平在东、中、西部均呈现负相关的影响，但是我国区域间差异较大，不同区域间影响的机制可能存在差异。东部地区经济发达，财源充足，分权体制下地方政府财政资金充足，人均教育支出最高。另一方面，在分权制下，地方政府在财政支出上有更大的自主权，但在以经济增长为主要考核机制的绩效政府模式下，大多数地方政府官员主要将这个自主权致力于提高生产性支出领域的规模与效率，没有兴趣提供非经济性公共物品，从而忽视了非生产性如教育、卫生等领域的支出效率，导致教育支出效率水平的降低(谢芬等，2013)。中部地区人均教育支出和财政分权程度最低，基础教育支出效率最高。中部地区经济不如东部地区发达，财政资金面临缺口，同时由于分权程度低，资金使用的自主权较低。二者使得中部地区将有限的资金用于如教育、卫生等非生产性领域，从而支出效率较高。若将财政分权度提高，经济欠发达的中部地区将面临财政资金不足和政府投资教育非生产性领域不足的问题，从而降低基础教育支出效率。西部地区长期依赖中央政府补助，财政资金自主权低，人均教育支出处于中等水平。若提高财政分权程度，西部会面临财政资金缺口，从而导致教育支出不足，降低基础教育支出效率。因此，我们可以得出，财政分权度主要通过财政资金数量和财政资金支出结构来影响基础教育投资效率。

地方政府竞争度对支出效率的影响在10%的显著水平上显著，系数为正，说明各地方政府的竞争行为虽然可能减少基础教育支出，但考虑到现阶段居民流动性大大提高，居民政治表达与参与意识也有所提升，用手投票和用脚投票机制必定对政府公共服务水平存在一定的影响；同时随着地区经济的快速增长，地方政府为吸引外资而展开竞争的手段已从基础设施的硬环境逐步转变为教育、卫生等投资软环境的竞争(张宏翔等，2014)。所以，为了能够吸引更多的投资，除了增加基础设施等硬件条件外，一个地区的基础教育水平也反映了该地区吸引外资的能力。

利用两阶段研究框架分别核算和分析了中国30个省份1997—2014年基础教育支出效率的变化及制度因素的影响。第一阶段，我们采用局部前沿效率方法核算了各省基础教育支出效率，避免了传统DEA效率方法中异常值和测量误差的影响，提高了效率估计结果准确性和可比较性，为政府支出效率研究提供了新的估计方法。第二阶段，我们运用受限 Tobit 面板模型对效率得分进行回归，进一步解释了制度因素对基础教育支出效率差异。通过本章的研究，我们可以初步得出以下几个结论。

第一，从局部前沿效率测算结果来看，总体上各省的基础教育支出效率水平较高，其中 90 年代中部省份的效率水平最高，西部地区次之，东部地区最低，但各地区的效率差异并不十分明显。从 1997—2014 年来看，东部地区的基础教育支出效率增长较快，2014 年，东、中、西部区域间的基础教育支出效率差异并不明显。

第二，回归分析结果表明，财政分权整体上对教育支出效率产生负影响，地方政府竞争对教育支出效率产生显著的正影响。这两大体制因素会引起政府支出结构变化，一方面使非生产性公共服务如教育财政支出规模削减；另一方也会在绩效考核的压力下提升基础教育支出效率。

基于上述结论，政府竞争对教育支出效率是有一定的积极影响，在市场化竞争不断发展的大环境下，应促进地区间竞争，利用竞争产生的规模效应来提高公共服务效率。另一方面，财政分权对基础教育支出效率产生了消极的影响，东部地区经济发展较好，财政资金较为充裕，不宜提高东部地区财政分权度。否则，资金的充裕并不一定带来基础教育支出效率的提高。

主要参考文献

[1]Becker Gary S. The Economic Approach to Human Behavior[M]. Chicago: The University of Chicago Press, 1976.

[2]Becker, G. S., Tomes, N. An Equilibrium Theory of the Distribution of Income and Intergenerational Mobility[J]. Journal of Political Economy, 1979, 87(6): 1153-1189.

[3]Blau & Duncan, American Occupational Sturcture[M]. Newyork: Wiley, 1967:1701.

[4]Grawe, N.D.& Mulligan, C.B. Economic interpretations of intergenerational correlations: National Bureau of Economic Research, (2002).

[5]John Gibson, Jikun Huang, seott Rozelle. Why is income inequality so low in China Compared to other countries? The effect of husehold survey methods. Economies ltters, 71(2001): 329-333.

[6]Mayer, S. E., & Lopoo, L. M. Government spending and intergenerational mobility. Journal of Public Economics, (2008). 92 (1):139-158.

[7]Mulligan, C. Parental Priorities and Economic Inequality. University of Chicago Press: Chicago. (1997).

[8]Mulligan, C. B. 'Galton vs. the human capital approach to inheritance', Journal of Political Economy, vol. 107(6), part 2, 1999, pp. S184-224.

[9]Solon, Gary. Cross—Country Differences in Intergenerational Earnings Mobility. The Journal of Economic Perspectives. (2002).16 (3), 59-66.

[10]Becker, G., N. Tomes, An Equilibrium Theory of the Distribution of

Income and Intergenerational Mobility, The Journal of Political Economy, 1979.

[11]Becker,G., N.Tomes, Human Capital and the Rise and Fall of Families, Journal of Labor Economics, 1986.

[12]Black, S. E., P. J. Devereux, Recent Developments in Intergenerational Mobility,Handbook of Labor Economics, 2011.

[13]Blau, P.M., O.D., Duncan, the American Occupational Structure, New York: John Wiley, 1967.

[14] Currie, C. E., Elton, R. A., Indicators of socioeconomic status for adolescents: the WHO Health Behavior in School aged Children Survey, Health Education Research, 1997.

[15]Erikson, R and Goldthorpe, J. H., the Constant Flux: A Study of Class Mobility in Industrial Societies, Oxford: Clarendon Press. 1992.

[16] Ganzeboom, H., Treinman, D., Internationally comparable measures of occupational status for the 1988 international standard classification of occupation, Social Science Research, 1996.

[17] Haider, S., Solon, G. Life-Cycle Variation in the Association between Current and Lifetime Earnings, the American Economic Review, 2006.

[18] Labar, Kelly, Intergenerational Mobility in China, Centre Etudeset de Reeherehessur le Development International.EtudesetDoeuments, 2007.

[19]Mayer, S.E., L.M., Loppo, Government Spending and Intergenerational Mobility, Journal of Public Economics, 2005.

[20]Mazumder, B. Fortunate Sons, New Estimates of Intergenerational Mobility in the United States Using Social Security Earnings Data, Review of Economics and Statistics, 2005.

[21]Mulligan, C. B, Galton versus the human capital approach to inheritance, Journal of political Economy, 1999.pp.184-224.

[22] Nybom, M., J. Stuhler, Life-Cycle Bias in Intergenerational Earnings

Mobility Estimation: Theory and Evidence, IZA Discussion Paper, 2010.

[23] Solon, G., Intergenerational Income Mobility in the United State, the American Economic Review, 1992.

[24] Solon, G. Cross-country Differences in Intergenerational Earnings Mobility, the Journal of Economic Perspectives, 2002.

[25] Solon, G., A Model of Intergenerational Mobility Variation over Time and Place, Generational Income Mobility in North America and Europe, 2004.

[26] Zimmerman, D. J., Regression Towrd Mediocrity in Economic Stature, American Economic Review, 1992.

[27] Chiswick B R, and Miller P W., "The international transferability of immigrants' human capital", Economics of Education Review, 2009, 28 (2): 162-169.

[28] Hao L, and Woo H S., "Distinct trajectories in the transition to adulthood: are children of immigrants advantaged?", Child development,, 2012, 83 (5): 1623-1639.

[29] Liang Z, and Chen Y P., "The educational consequences of migration for children in China", Social science research, 2007, 36(1): 28-47.

[30] Meng X, and Zhang J., "The two-tier labor market in urban China: occupational segregation and wage differentials between urban residents and rural migrants in Shanghai" Journal of comparative Economics, 2011, 29 (3): 485-504.

[31] Restuccia D, Urrutia C. Intergenerational Persistence of Earnings: The Role of Early and College Education[J]. American Economic Review, 2014, 94 (5): 1354-1378.

[32] Wallace M, and Kalleberg A L., "Economic organization of firms and labor market consequences: toward a specification of dual economy theory", Sociological Perspectives on Labor Markets, 1981, 77-117.

[33] 陈琳，袁志刚. 授之以鱼不如授之以渔？——财富资本、社会资本、

人力资本与中国代际收入流动[J]. 复旦学报(社会科学版)，2012，04：99-113+124.

[34]郭丛斌，闵维方．家庭经济和文化资本对子女教育机会获得的影响[A]. 中国教育学会教育经济学分会．2005 年中国教育经济学年会会议论文集[C]. 中国教育学会教育经济学分会：，2005：13.

[35]黄颖，任军利．新形势下我国农村女童教育问题探讨[J]. 农业考古，2010，03：242-244.

[36]何晓琦，邓晓岚．跨代收入流动及其评估[J]. 统计研究，2006，06：39-43.

[37]蒋中一，戴洪生．降低农村初中辍学率和义务教育体制的改革[J]. 中国人口科学，2005，04：59-66+96.

[38]潘锦棠．性别人力资本理论[J]. 中国人民大学学报，2003，03：94-104.

[39]许艳丽．论独生子女家庭人力资本投资的性别差异[J]. 人口与经济，2007，03：48-53.

[40]张东辉，司志宾．收入分配、消费需求与经济增长——来自中国农村的证据[J]. 福建论坛(人文社会科学版)，2006，09：9-13.

[41]张抗私．人力资本投资中性别歧视的经济解析[J]. 财经问题研究，2002，07：17-21.

[42]周钦，袁燕．家庭基础教育投入决策“男孩偏好”的理论与实证研究[J]. 人口学刊，2014，03：14-24.

[43]陈东，黄旭锋. 机会不平等在多大程度上影响了收入不平等？——基于代际转移的视角[J]. 经济评论，2015，01.

[44]陈杰，苏群. 我国居民代际收入传递机制研究[J]. 江西社会科学，2015，05.

[45]陈琳. 促进代际收入流动：我们需要怎样的公共教育——基于 CHNS 和 CFPS 数据的实证分析[J]. 中南财经政法大学学报，2015，03.

[46]陈琳，袁志刚. 中国代际收入流动性的趋势与内在传递机制[J]. 世界

经济，2012，06.

[47]方鸣，应瑞瑶. 中国农村居民代际收入流动性研究[J]. 南京农业大学学报(社会科学版)，2010，02.

[48]方鸣，应瑞瑶. 中国城乡居民的代际收入流动及分解[J]. 中国人口、资源与环境，2010，05.

[49]郭丛斌，闵维方. 中国城镇居民教育与收入代际流动的关系研究[J]. 教育研究，2007，05.

[50]郭丛斌，闵维方. 家庭经济和文化资本对子女教育机会获得的影响[J]. 高等教育研究，2006，11.

[51]郭丛斌，闵维方. 教育与代际流动的关系研究——中国劳动力市场分割的视角[J]. 高等教育研究，2011，09.

[52]韩军辉. 农村公共支出视野中的代际收入流动研究[J]. 北京理工大学学报(社会科学版)，2010，01.

[53]韩军辉. 机会不等与收入不均：城乡家庭收入的代际流动[J]. 华南农业大学学报(社会科学版)，2010，03.

[54]韩军辉. 基于面板数据的代际收入流动研究[J]. 中南财经政法大学学报，2010，04.

[55]侯佳伟，窦东徽. 流动人口的人力资本禀赋效应及其代际差异[J]. 南方人口，2012，06.

[56]韩军辉，龙志和. 基于多重计量偏误的农村代际收入流动分位回归研究[J]. 中国人口科学，2011，05.

[57]何石军，黄桂田. 中国社会的代际收入流动性趋势：2000—2009[J]. 金融研究，2013，02.

[58]何晓琦，邓晓岚. 跨代收入流动及其评估[J]. 统计研究，2006，06.

[59]李力行，周广肃. 家庭借贷约束、公共教育支出与社会流动性[J]. 经济学(季刊)，2015，01.

[60]刘志国，范亚静. 教育与居民收入代际流动性的关系研究[J]. 统计与决策，2014，22.

[61]刘志龙．教育对农村代际收入流动性的影响分析[J]．经济统计学(季刊)，2014，01.

[62]卢盛峰，陈思霞，张东杰．教育机会、人力资本积累与代际职业流动——基于岳父母/女婿配对数据的实证分析[J]．经济学动态，2015，02.

[63]孙三百，黄薇，洪俊杰．劳动力自由迁移为何如此重要？——基于代际收入流动的视角[J]．经济研究，2012，05.

[64]王处辉，朱焱龙．高等教育获得与代际流动：机制、变迁及现实[J]．中南大学学报(社会科学版)，2015，02.

[65]王海港．中国居民家庭的收入变动及其对长期平等的影响[J]．经济研究，2005，01.

[66]王美今，李仲达．中国居民收入代际流动性测度——“二代”现象经济分析[J]．中山大学学报(社会科学版)，2012，01.

[67]王青，胡颖森．中国居民家庭收入代际传递性分析[J]．特区经济，2011，10.

[68]谢勇．人力资本与收入不平等的代际间传递[J]．上海财经大学学报，2006，02.

[69]徐俊武，黄珊．代际流动性、教育成本与收入不平等——基于动态一般均衡模型的分析[J]．学习与实践，2015，08.

[70]徐晓红．中国城乡居民收入差距代际传递变动趋势：2002—2012[J]．中国工业经济，2015，03.

[71]徐晓红．教育、职业对收入差距代际传递影响的实证分析[J]．统计与决策，2016，24.

[72]杨娟，张绘．中国城镇居民代际收入流动性的变化趋势[J]．财政研究，2015，07.

[73]杨新铭，邓曲恒．城镇居民收入代际传递现象及其形成机制——基于2008年天津家庭调查数据的实证分析[J]．财贸经济，2016，11.

[74]张立冬．中国农村贫困代际传递实证研究[J]．中国人口、资源与环

境，2013，06.
[75]周波，苏佳. 财政教育支出与代际收入流动性[J]. 世界经济，2012，12.
[76]刘涛，陈思创，曹广忠. 流动人口的居留和落户意愿及其影响因素[J]. 中国人口科学，2019(03)：80-91+127-128.
[77]吴珊珊，孟凡强. 农民工歧视与反歧视问题研究进展[J]. 经济学动态，2019(04)：99-111.
[78]邹一南. 分类推进城市非户籍人口落户的逻辑与路径[J]. 经济社会体制比较，2019(02)：117-126.
[79]蔡宏波，李昕宇. 户籍身份对家庭教育支出的影响研究[J]. 中国人口科学，2019(01)：76-87+127.
[80]王桂新，胡健. 城乡—区域双重分割下的城市流动人口社会距离研究[J]. 中国人口科学，2018(06)：43-54+127.
[81]常进雄，刘杰，朱帆. 农民工教育回报率估计中存在的偏误研究[J]. 中国人口科学，2018(05)：57-68+127.
[82]张丹，计莹斐. 上海市随迁子女城市社会融入政策的实践推进[J]. 教育研究，2018，39(09)：154-158.
[83]李超，万海远，田志磊. 为教育而流动——随迁子女教育政策改革对农民工流动的影响[J]. 财贸经济，2018，39(01)：132-146.
[84]袁方成，康红军. "张弛之间"：地方落户政策因何失效？——基于"模糊-冲突"模型的理解[J]. 中国行政管理，2018(01)：64-69.
[85]赵西亮. 教育、户籍转换与城乡教育收益率差异[J]. 经济研究，2017，52(12)：164-178.
[86]周明海，金樟峰. 长期居住意愿对流动人口消费行为的影响[J]. 中国人口科学，2017(05)：110-119+128.
[87]孙婧芳. 城市劳动力市场中户籍歧视的变化：农民工的就业与工资[J]. 经济研究，2017，52(08)：171-186.
[88]边燕杰，李路路，李煜，等. 结构壁垒、体制转型与地位资源含量

[J]. 中国社会科学，2006(5)：100-109.
[89]陈琳，袁志刚．中国代际收入流动性的趋势与内在传递机制[J]. 世界经济，2012(6)：115-131.
[90]陈云松，张翼．城镇化的不平等效应与社会融合[J]. 党政视野，2016(1)：54-54.
[91]杜凤莲．苹果为什么落不远？农民工经济融合代际传递的理论分析[J]. 劳动经济研究．2014(5)：148-160.
[92]丁丽．代际传递效应与教育机会均等——理论基础与研究现状分析[J]. 经济研究导刊，2010(25)：271-272.
[93]段成荣，杨舸．我国农村留守儿童状况研究[J]. 人口研究，2008，32(3)：15-25.
[94]富晓星，冯文猛，王源等．“教育权利”vs.“大城市病”——流动儿童教育获得的困境探究[J]. 社会学评论，2017，5(6)：40-55.
[95]傅勇．财政分权、政府治理与非经济性公共物品供给[J]. 经济研究，2010(8)：4-15.
[96]韩嘉玲．及早关注第二代农村流动人口的成长与出路问题[J]. 中国党政干部论坛，2007，225(8)：30-33.
[97]郝大海．中国城市教育分层研究(1949—2003)[J]. 中国社会科学，2007(6)：94-107.
[98]李春玲．社会政治变迁与教育机会不平等——家庭背景及制度因素对教育获得的影响(1940—2001)(英文)[J]. 中国社会科学，2003(3)：86-98.
[99]李骏，顾燕峰．中国城市劳动力市场中的户籍分层[J]. 社会学研究，2011(2)：48-77.
[100]李忠路，邱泽奇．家庭背景如何影响儿童学业成就？——义务教育阶段家庭社会经济地位影响差异分析[J]. 社会学研究，2016(4)：121-144.
[101]刘精明．中国基础教育领域中的机会不平等及其变化[J]. 中国社会

科学，2008(5)：101-116.
[102]李路路．再生产与统治——社会流动机制的再思考[J]．社会学研究，2006(2)：37-60.
[103]李强，唐壮．城市农民工与城市中的非正规就业[J]．社会学研究，2002(6)：13-25.
[104]卢洪友．中国基本公共服务均等化进程报告[M]．北京：人民出版社，2012.
[105]卢盛峰，周洋．中国公共服务均等性评估及影响因素分析——基于CHNS数据的实证研究[J]．财贸研究，2014(3)：75-81.
[106]陆益龙．户口还起作用吗——户籍制度与社会分层和流动[J]．中国社会科学，2008(1)：149-162.
[107]王美艳．城市劳动力市场上的就业机会与工资差异——外来劳动力就业与报酬研究[J]．中国社会科学，2005(5)：36-46.
[108]王美艳．教育回报与城乡教育资源配置[J]．世界经济，2009(5)：3-17.
[109]魏万青．户籍制度改革对流动人口收入的影响研究[J]．社会学研究，2012(1).
[110]吴开亚，张力．发展主义政府与城市落户门槛：关于户籍制度改革的反思[J]．社会学研究，2010(6)：58-85.
[111]吴晓刚．中国的户籍制度与代际职业流动[J]．社会学研究，2007(6)：38-65.
[112]吴晓刚，张卓妮．户口、职业隔离与中国城镇的收入不平等[J]．中国社会科学，2014，222(6)：118-140.
[113]吴愈晓．中国城乡居民的教育机会不平等及其演变(1978—2008)[J]．Social Sciences in China，2013(3)：4-21.
[114]吴愈晓．教育分流体制与中国的教育分层(1978—2008)[J]．社会学研究，2013(4)：179-202.
[115]谢桂华．农民工与城市劳动力市场[J]．社会学研究，2007(5)：

84-110.

[116]谢桂华．中国流动人口的人力资本回报与社会融合[J]．中国社会科学2012(4)．

[117]余向华，陈雪娟．中国劳动力市场的户籍分割效应及其变迁——工资差异与机会差异双重视角下的实证研究[J]．经济研究，2012(12)：97-110.